INKL. CHALLENGES
die dein Unternehmen an das Ziel bringen!

Vom Handwerker zum erfolgreichen Unternehmer

Dein Weg aus dem staubigen Handwerk zum glänzenden Unternehmen

SVEN SCHÖPKER

M|S|H

Handwerk als Berufung: Warum ich stolz auf das bin, was ich tue.

Mein Vater und ich verstehen uns ziemlich gut. Das ist nicht immer der Fall, wenn Senior und Junior zusammen im Familienbetrieb arbeiten. Aus meinem Umfeld kenne ich genug andere Beispiele: Verschiedene Ansichten und Meinungsunterschiede führen zu Reibereien und Konflikten. Bei uns nicht.

Das ist alles andere als selbstverständlich und ich bin dafür zutiefst dankbar. Wir beide arbeiten zusammen, sehen uns jeden Tag und reden viel miteinander. Dass wir sehr unterschiedlich sind, bereichert unsere Vater-Sohn-Beziehung, denn wir kennen und wertschätzen die Qualitäten des anderen aus vollem Herzen. Ich werde oft gefragt: *„Sven, warum tust du, was du tust? Woher nimmst du deine Energie und was ist dein innerer Antrieb?"*

Die Antwort ist einfach, auch wenn ich sie nicht in einen Satz zusammenfassen kann. Darum lass mich etwas ausholen und dir meine Geschichte erzählen. Rückblickend liegt mein heutiges

Warum im Gestern. Es hat seine Wurzeln in meinem Elternhaus. Meine Eltern haben sehr früh eine Familie gegründet und Verantwortung für ihr Leben, ihre Kinder und ihren eigenen Familienbetrieb übernommen. Unglaublich, wie sie 45 Jahre lang sehr fokussiert und stark durchs Leben gegangen sind. Damals wusste ich das nicht zu schätzen, doch seitdem ich selbst eine Familie habe, erkenne ich den Wert ihrer jahrzehntelangen Leistung und bin unbändig stolz, ihr Sohn zu sein. Damals als Kind konnte ich das nicht sehen, habe aber oft gefühlt, dass ihr Leben nicht immer einfach zu sein scheint.

Mein Vater ist und war immer mit Leib und Seele Handwerker. Er hat Handwerk gelebt, so wie man vor mehr als vier Jahrzehnten gelebt hat: Viel arbeiten, nicht selten auch abends oder am Wochenende, wenn sich der eine oder andere Job auftat, der zusätzlich etwas mehr Geld in die Kasse gespült hat. Die Familie musste versorgt werden. Teilweise sieht das in einigen Betrieben heute immer noch genauso aus.

Das war meine Welt: Mein Vater war selten zu Hause und wenn, dann meistens müde. Arbeit stand bei uns im Vordergrund, auch wenn meine Eltern mich und ihre Kinder sehr geliebt haben. Als ich in die Schule kam, tat sich noch ein anderes Bild von Familienleben auf, das mich nachdenklich machte: Ich hatte einen Freund, dessen Vater Manager in der Industrie war. Wenn ich am Wochenende mal bei ihm übernachten durfte, lernte ich einen Vater kennen, der piekfein im Anzug, entspannt und lustig war. Meistens unternahm er etwas mit seinem Sohn und ich durfte mit. Die Eltern meines Freundes hatten gefühlt viel mehr Zeit für ihre Kinder als meine für mich hatten.

In diesen zwei Welten wuchs ich auf. Auf der einen Seite mein Vater, der Handwerker. Auch wenn er voller Leidenschaft für seinen Betrieb war, musste er doch unglaublich viel arbeiten, um die Familie durchzubringen. Auf der anderen Seite die Familie meines Freundes mit lässigem Audi 100, viel Freizeit, immer perfekt angezogen. Leidenschaft habe ich bei ihm nie gesehen, doch ich hatte den Eindruck, ihr Leben ist weitaus unbeschwerter als unseres. Größer konnten Gegensätze nicht sein und ich konnte sie damals nicht verstehen.

Anzug vs. staubiger Arbeitskleidung. Audi 100 vs. Opel Kadett. Lachen und Freizeit vs. lange Arbeitstage und Müdigkeit.

Es war mir ein Rätsel. Ich wechselte von einer Welt in die andere und beobachtete, um zu verstehen. Manchmal wurde ich wütend, weil es so ungerecht war. Anzugträger schlürfen ihren Kaffee, wienerten ihr schönes Auto und hatten ausreichend Zeit. Mein Vater arbeitete hart, lange Tage, viele Stunden und viel Dreck. Immer dieser Kampf, um gut leben zu können.

Natürlich habe ich trotzdem eine handwerkliche Ausbildung gemacht, wusste aber nicht, was ich danach tun sollte. Die Zerrissenheit meiner zwei Welten stand mir im Weg, eine klare Entscheidung zu treffen. Wie unglaublich dankbar bin ich meinem Vater für seinen Rat: *„Sven, wenn du den Betrieb mal übernehmenmöchtest, dann lerne Unternehmertum."* Das Studium war eine großartige und wichtige Zeit in meinem Leben:

Danach stand ich allerdings immer noch vor der Frage: Werde ich ein Manager im Anzug oder folge ich meinem Herzen und werde Handwerker?

Schlussendlich habe ich für mich persönlich den schönsten Weg gefunden: Eine Welt aus beiden Welten, für mich neu erschaffen. Mein Herz gehört dem Handwerk; im Lebensstil wollte ich jedoch mehr Lebensqualität haben. Für mich, für meine Frau, meine Kinder und nicht zuletzt auch für meinen Vater, der so viele Jahre hart für unseren Betrieb gearbeitet hatte. Ich möchte kein Getriebener sein, der einen ständigen Kampf führt, sondern viel Zeit mit Familie, Eltern und Freunden verbringen.

Dieses Leben habe ich mir geschaffen und bin heute mehr als glücklich mit dem, was ich tue. Ich wäre nicht der stolze Sohn eines Handwerkers und erfolgreicher Unternehmer, wenn ich nicht über den Tellerrand hinausdenken würde. Handwerk ist meine Zunft. Den Menschen darin möchte ich etwas zurückgeben und mein Wissen und meine Erfahrungen teilen.

Ich weiß heute, dass jeder Handwerker-Kollege auch den Weg in ein leichteres, erfolgreicheres und glücklicheres Leben gehen kann.

Darum habe ich „Mission Starkes Handwerk" ins Leben gerufen; darum schreibe ich dieses Buch. Meine Mission ist, das Handwerk positiv zu verändern und jedem, der möchte, zu helfen, seinen persönlichen Weg zu finden. So, wie ich für unseren Familienbetrieb den Weg gefunden habe.

Meine Handwerksausbildung in Kombination mit dem Wissen des Studiums übers Unternehmertum gaben mir die Kompetenz, unseren Betrieb so umzugestalten, dass er rentabel und erfolgreich ist. Ich möchte dir als Leser helfen, deinen eigenen Weg zu finden. Dem Handwerk generell wieder mehr gesellschaftliches Ansehen zu verschaffen und Handwerkern mit Betrieben in eine neue Art von Unabhängigkeit zu begleiten - das ist mein Antrieb, mein Motor, mein Warum. Nicht mehr, aber auch nicht weniger.

Ich glaube fest daran, dass es für jeden, absolut jeden im Handwerk möglich ist, seine tiefe Leidenschaft zu seinem Beruf zu leben und trotzdem Zeit für sich und die Familie zu haben. Alles, was du brauchst, ist die richtige Positionierung, die richtigen Mitarbeiter, die richtigen Kunden und einen klaren Fokus. Es braucht Systeme und die Fähigkeit, sich und seine Leistung gut zu verkaufen. Wenn du das schaffst, ist es kein Traum mehr, schon um 17.00 Uhr Feierabend zu machen, mit deiner Familie zu grillen oder in den Stadtpark zu gehen, deine Freunde im Kino zu treffen oder zu einer Runde Kegeln zu gehen.

Dann kannst du deine Engelbert-Strauß-Hose anziehen oder dich mit einer Chino chic machen. Ich stehe dafür, dass jeder Handwerker seinen persönlichen Erfolg erschaffen kann, anstatt vom Druck getrieben zu sein. Das ist echtes Handwerk. Starkes

Handwerk. Wenn du deinen Beruf liebst, und liebst, was du tust, dann lass mich in diesem Buch zu deinem Begleiter werden. Ich zeige dir die Grundlagen und du legst deine persönlichen Ziele selbst fest.

Umsetzen, tun wir es dann gemeinsam. Nutze ein kostenloses Strategiegespräch, zapfe mein Wissen an, denn da ist viel Erfahrung und viel Know-how, das dich auf deinem Erfolgsweg begleiten möchte. Mit diesem Buch will ich dich ermutigen, zum Erschaffer des Lebens zu werden, das du dir erträumst. Ich lebe es schon lange, meine Kunden leben es und - du kannst das auch.

Verstehst du nun meinen Antrieb? Die sprudelnde Quelle meiner täglichen Energie? Das unglaublich starke WARUM hinter allem, was ich tue? Lass dich davon inspirieren. Ich möchte meine Erfahrungen und mein Wissen weitergeben und Unternehmern im Handwerk, Frauen wie Männern, Impulse für ihren Betrieb geben. Der Einfachheit halber verzichte ich auf das inzwischen übliche Gendern. Meiner Meinung nach stören Anhänge wie „*innen" und „:innen" massiv den Lesefluss. Doch ich möchte allen Lesern ein mitreißendes, motivierendes und inspirierendes Buch bieten. Wer mich kennt weiß, wie sehr ich Frauen schätze und wie stolz ich auf Frauen im Handwerk bin. Bitte fühlt euch respektvoll und wertschätzend angesprochen. Ich schätze Menschen, egal welches Geschlechts. Jetzt wünsche ich dir viel Spaß beim Lesen.

Herzlichst,
Dein Sven Schoepker

Inhalt

TEIL 1

Die Veränderung der Märkte und die Notwendigkeit von Veränderungen

TEIL 2

Mit einer Expertenpositionierung die richtigen Kunden gewinnen

TEIL 3

Mit einer glasklaren Botschaft die richtigen Mitarbeiter finden und halten

TEIL 4

Mit einer Verkaufsstruktur zu mehr Effizienz und Erfolg

TEIL 1

Die Veränderung der Märkte und die Notwendigkeit von Veränderungen

„Das Handwerk hat immer noch goldenen Boden – er ist nur anders geworden.“

1

Unsere Zunft im Wandel: Aktuelle Herausforderungen und Chancen im Handwerk

Du bist Handwerker, schiebst Überstunde für Überstunde und bist rund um die Uhr beschäftigt? Am Wochenende machst du zur Krönung die Buchhaltung und schreibst selbst Rechnungen? Du schickst täglich, ohne Vorselektion, Angebote raus, bekommst aber zu wenig lukrative Aufträge, weil deine Firma in der Masse der Konkurrenz untergeht?

Wenn du dann doch den Zuschlag bekommst, wird über den Preis gefeilscht und unterm Strich bleibt meist nicht genug hängen? Du würdest gern die Sichtbarkeit deines Betriebs am Markt erhöhen, weißt aber nicht wie? Du wünschst dir, dass Kunden und neue Mitarbeiter dir die Bude einrennen, anstatt ihnen hinterherlaufen zu müssen? Und du wünscht dir zum Abschluss digitale Prozesse in deinem Unternehmen, die dein Tagesgeschäft weitestgehend auf Autopilot stellen? Wenn du dich in diesen Fragestellungen wiederfindest, wird es Zeit, eine gründliche Analyse durchzuführen und dein Unternehmen neu aufzustellen.

„Handwerk hat goldenen Boden.“ Ein bekanntes deutsches Sprichwort, das darauf anspielt, dass sich im Handwerk gutes Geld verdienen lässt. Das war lange Zeit auch so. Was über Jahrzehnte hinweg für jeden Handwerksbetrieb galt, gilt heute nur noch für die gut aufgestellten und spezialisierten Betriebe: sichere Jobs, Aufträge, die einem quasi nur so zufliegen und Kunden, die vor der Tür Schlange stehen. Dass es nicht mehr so ist, liegt vor allem daran, dass sich die Markt- und Wettbewerb-Situation in den letzten Jahren und Jahrzehnten dramatisch verändert haben.

Internetprotale wie my-hammer.de und große Player wie Reuter und Megabad haben die Wettbewerbssituation für viele Unternehmen dramatisch verändert. Dazu kommt, dass die Industrie mehr und mehr Strategien verfolgt, sich einen direkten Marktzugang zu Endkunden zu sichern. Doch nicht nur die Märkte, auch die Kunden und deren Ansprüche, haben sich massiv gewandelt. Diese Entwicklung geht weiter. Wir rasen mit Hochgeschwindigkeit in Richtung einer veränderten Wirtschaft, mit Volldampf an 24 Stunden am Tag, an 7 Tagen die Woche und 365 Tagen im Jahr.

Alles verändert sich: Wir werden morgens wach und sehen Innovationen, neue Produkte und Dienstleistungen, die es am Abend vorher noch nicht gab.

Dinge, mit denen wir unsere Kunden heute begeistern, gehören aber morgen schon zum Standard. Die Zeit dreht sich immer schneller. Es ist eine der größten Herausforderungen, am Ball zu bleiben und nicht auf der Reservebank zu landen. Der technische Fortschritt macht es möglich, dass die Bedürfnisse von Menschen jeden Tag besser, schneller und auch preiswerter befriedigt werden können.
Wie können wir mit dieser rasanten Entwicklung Schritt halten? Kunden haben höhere Erwartungen als früher und verlangen nach schnelleren, effizienteren und hochwertigeren Dienstleistungen und Produkten. Die Transparenz der Anbieter und Angebote nimmt mehr und mehr zu, und es scheint, als würde das in einen unaufhaltsamen Preiskampf mit Mitbewerbern führen.

Als Handwerker ist es unerlässlich, sich einen Überblick über die neuesten Trends und Technologien zu verschaffen. Die Digitalisierung hat große Auswirkungen: Kunden suchen vermehrt nach Möglichkeiten, Dienstleistungen online zu buchen und zu bezahlen. Online-Präsenz stärken, Reichweite erhöhen und Kunden auf neuen Wegen gewinnen, sind einige Stichworte, die zunehmend Bedeutung bekommen. Auch im Handwerk.

Fest steht, als Handwerker und Handwerksbetriebe stehen wir heute vor größeren Herausforderungen als je zuvor. Die rasante Entwicklung von Technologien, die fortschreitende Digitalisierung und die wachsenden Anforderungen an Nachhaltigkeit und Umweltschutz verändern alle Branchen und machen es schwieriger, wettbewerbsfähig zu bleiben. Nicht nur im Handwerk.

Innovationen und neue Technologie entwickeln sich so rasant und werfen Fragen auf, mit denen wir uns noch nie beschäftigen mussten. Doch um erfolgreich zu sein, muss sich auch das Handwerk auf Veränderungen einstellen und offen für neue Arbeitsmethoden sein. Wie wichtig ist es, sich in diesem Zusammenhang auch mit der Automatisierung von Prozessen vertraut zu machen, um Effizienz und Produktivität zu steigern?

Das alles kann auch bedeuten, dass Betriebe in innovativere Maschinen, Werkzeuge oder Softwaresysteme investieren müssen, um mit der Konkurrenz Schritt zu halten und Kunden die bestmöglichen Lösungen anbieten zu können. Es kann aber auch eine Umstrukturierung innerhalb des Betriebes sein, eine bessere Positionierung im Umfeld oder eine höhere Sichtbarkeit im Markt, um sich als Marke aufzubauen. Auf die verschiedenen Möglichkeiten gehe ich später noch genau ein.
Mein Vater und ich reagieren beispielsweise in unserem eigenen Familienbetrieb auf den technischen Fortschritt mit dem Ausbau unseres Betriebes zu einer der modernsten Tischlereien der Welt. Damit wollen wir wieder eine Nasenlänge vorn sein. Die „Mission Starkes Handwerk" aufzubauen, war mir wichtig, um ein Vorbild in der Handwerkerzunft zu sein. Das schließt für mich den tech-

nischen Fortschritt des eigenen Betriebs ein. Doch so drastisch wie wir es machen, müssen Veränderungen nicht gelebt werden, denn es kommt immer auf die Betriebsgröße und Umsetzbarkeit an. Es gibt einige wichtige Stellschrauben, die einen langfristigen Erfolg auch von kleinen Betrieben sichern können. Darauf gehe ich in diesem Buch genau ein.
Ökologisch verträgliche Praktiken und Nachhaltigkeit gehören dazu. Sie gewinnen immer mehr an Bedeutung. Auch dem dürfen wir uns als Handwerker nicht verschließen. Schließlich haben wir eine wichtige Rolle in der Umsetzung nachhaltiger Lösungen im Bauwesen und Wohnbereich. Es ist notwendig, darauf zu reagieren und den Einsatz von nachhaltigen Materialien, effizientem Energieverbrauch und umweltfreundlichen Produktionsmethoden anzustreben.

Insgesamt muss nicht nur die Wirtschaft, sondern auch das Handwerk offen sein für Innovationen, wenn wir wettbewerbsfähig bleiben wollen. Dazu gehören auch persönliche und betriebliche Weiterbildung und ein aktuelles Wissen über technischen Fortschritt und neue Dienstleistungen. Das ist eine Herausforderung, die es zu meistern gilt, aber sie bietet gleichzeitig die Chance, unseren Kunden bessere und effizientere Lösungen anzubieten.

Spannend ist, was Forscher dazu sagen: Der bekannte Zukunftsforscher Christian Schuldt sieht voraus, dass Unternehmen, die sozialen und ökologischen Mehrwert schaffen, in Zukunft tendenziell belohnt werden, während klimaschädliches Verhalten immer mehr Sanktionen erfährt. Darauf können wir quasi warten. Die meisten Zukunftsforscher sind sich sicher, dass die Geschwindigkeit unserer Wirtschaft und Entwicklung neuer Technologien noch deutlich zulegen wird. Mit anderen Worten: Das, was wir zurzeit erleben, ist voraussichtlich nur das Warmlaufen für den Sprint der nächsten Jahre. Wir haben also die Chance, mit Innovationen und einem nachhaltigen Ansatz den Erfolg unseres Betriebs langfristig zu sichern. Das macht uns im Handwerk auch zu attraktiven Arbeitgebern für Nachwuchs und Fachkräfte.

// Challenge:
Bist du am Puls der Zeit?

Nimm dir einen Moment Zeit, um die folgenden Fragen zu beantworten. Reflektiere dabei deine Gedanken und notiere alle Aspekte, die dir in den Sinn kommen.

Was glaubst du: Bist du mit deinem Betrieb am Puls der Zeit?
Warum? Nenne 3 Aspekte.

Hast du das Gefühl, du solltest in deinem Betrieb etwas ändern?
Wenn ja, was ist das genau?

Wie schätzt du den aktuellen Stand deines Betriebes ein?
Betrachte dabei unterschiedliche Aspekte.

Sind deiner Meinung nach technische Neuerungen im Betrieb nötig?

Was hast du bereits modernisiert?
Welchen spürbaren Effekt hast du damit erreicht?
Wie viel Zeit sparst du und deine Leute durch die Modernisierung ein?

Wirken sich die Innovationen positiv auf den Kundenservice aus?
Wenn ja, wie? Formuliere mindestens drei positive Merkmale.

Notizen /

Als Handwerker drehen wir selbst an den Stellschrauben für unsere Betriebe, die nicht nur wirtschaftlich erfolgreich sein sollen, sondern auch der Verantwortung für die Umwelt gerecht werden sollten. Der Spagat zwischen beidem ist manchmal schwierig und kaum zu schaffen. Zudem haben viele Kollegen von uns, vor allem die jüngeren, das starke Bedürfnis nach mehr Sinnhaftigkeit in der Arbeit.

Sinnhaftigkeit und ökologischer Anspruch gehen oft Hand in Hand.

Niemand will unseren Planeten irreparabel schädigen. Im Gegenteil, Handwerker sitzen mit ihren Tätigkeiten an einer Art Schaltzentrale für ökologisches Handeln und Bewusstsein. Damit könnten sie in andere Branchen ausstrahlen und eine starke Vorbildwirkung erzeugen. Viele Handwerker und Handwerksbetriebe sind sich bewusst, dass der Anspruch innovativ zu sein und dem Fortschritt Raum zu lassen, ihre Arbeit verändern wird. Im Handwerk brauchen wir heute bewusste Entscheidungen für nachhaltiges Handeln.

// Das Einkaufsverhalten verändert sich: Wie heute Kaufentscheidungen getroffen werden.

Doch damit nicht genug: Wir müssen uns im Klaren sein, dass zukünftig nicht nur die Wirtschaftsentwicklung rasant voranschreitet, sondern auch die Art, wie Kaufentscheidungen getroffen werden, sich weiterhin drastisch verändert: Nicht nur ökologische Unbedenklichkeit ist zu einem wichtigen Kaufkriterium geworden, Menschen wählen auch anders aus. Während früher Produkte und Dienstleistungen betrachtet wurden, und es ausreichte, sie attraktiv zu präsentieren, wird heute über Emotionen und Erlebniswelten gekauft.

Das bedeutet, die kaufentscheidenden Faktoren haben sich grundlegend verändert. Wir alle kaufen heute über Gefühle, die wir haben möchten, wenn wir das Produkt haben. Das ist mehr als reiner Produktnutzen, sondern ein komplett anderer Denkansatz, der sich durch alle Branchen der Konsumgüter und Dienstleistungen zieht. Am Handwerk geht er leider auch nicht vorbei, auch wenn es sich scheinbar „nur" um neue Fliesen im Bad, den Einbauschrank, ein modernes Heizsystem oder moderne Fenster handelt.

In der digitalen Welt mit ihren transparenten Märkten haben Kunden es noch nie so einfach gehabt, Anbieter miteinander zu vergleichen. Das ist bei der Vermarktung der Angebote eine echte Herausforderung. Handwerk schließt sich da nicht aus. Da gilt es zu überlegen, was Kunden anzieht und wie wir ihnen „das gute Gefühl" schon beim Angebot so attraktiv vermitteln können, wie sie es nach dem Kauf haben werden. Es ist also sinnvoll zu überlegen, wie wir uns durch unsere Arbeit, unser Auftreten und unseren Service von den Mitbewerbern abheben können, um Kunden zu begeistern und langfristig an unseren Betrieb zu binden.

2

Mitten in einer Imagekrise: Das Handwerk hat mit negativen Vorurteilen zu kämpfen

Das Image des Handwerks hat in den letzten Jahrzehnten sehr gelitten. Dass wir als Zunft unseren Teil dazu beigetragen haben, wissen wir. Warum das so ist? Eine berechtigte Frage, eine betrübliche Antwort:
Die Wahrnehmung des Handwerks aus Sicht des Kunden ist nicht positiv.

Handwerker haben einfach einen schlechten Ruf, um es auf den Punkt zu bringen. Das Ansehen des ehemals „Goldenen Handwerks" hat sich ins Gegenteil verkehrt. Eine schleichende Entwicklung, die vielen entgangen ist. Handwerksunternehmer dürfen sich heute ehrlich fragen: Welches Image strahle ich mit meinem Betrieb aus? Bin ich mit meinen Leistungen qualitativ hochwertig oder bin ich ersetzbar? Verkaufe ich über Preis oder biete ich individuelle Einzigartigkeit für meine Kunden?

Generell dürfen wir uns darüber bewusst sein, dass die Handwerkerzunft mit einem großen Imageverlust zu kämpfen hat, der leider immer noch unterschätzt wird. Die wenigsten Betriebe haben nach außen hin die Ausstrahlung einer hochwertigen, individuell arbeitenden Qualitätsmarke. Die Zeiten des „Goldenen Handwerks“ wie wir es kennen, sind lange vorbei. Im Gegenteil, jeder meckert über uns. Berechtigt oder unberechtigt, sei mal dahingestellt. Um jedoch das Ansehen unserer Branche zu verbessern, brauchen wir als Zunft ein besseres und, jeder einzelne Betrieb für sich, ein unverwechselbares Image. Wie das erreicht werden kann, darauf gehe ich später noch genau ein.

Leider stoße ich immer wieder auf Unternehmer, die Schwierigkeiten haben, diese modernen Veränderungen zu akzeptieren. Sie schaffen es nicht, sich von eingefahrenen Strategien zu verabschieden, die in der Vergangenheit erfolgreich waren. Es ist kein Zufall, dass es ein willkommenes Thema für Fernsehsendungen ist, Handwerker in ein schlechtes Licht zu rücken. Mit Berichten über gute oder sogar spitzenmäßige Leistungen lassen sich nicht so hohe Einschaltquoten erzielen wie mit Sendungen über Abzocke und Pfusch am Bau oder Unzuverlässigkeit. Würden Reportagen oder Dokumentationen zeigen, wie kooperativ und sorgfältig viele Betriebe im Ausbaugewerbe arbeiten und wie entspannt ein gut geplanter und fachmännisch durchgeführter Hausbau ablaufen kann, würde eine Dokumentation darüber wahrscheinlich nur wenige hinter dem Ofen hervorlocken. Also sind diverse Sender auf den fahrenden Zug aufgesprungen und haben die Abwärtsspirale des Handwerker-Images noch verstärkt.

Die Frage ist, woher der schlechte Ruf kommt. Medien haben das Thema zwar dankend aufgegriffen und breitgetreten - und damit der Öffentlichkeit sichtbar gemacht, aber sie haben es nicht initiiert. TV-Berichte schlugen nur in eine Kerbe, die schon da war.

Leider glauben die meisten Fernsehzuschauer, was sie sehen und die gängigsten Vorurteile sind omnipräsent:

- Handwerker sind unpünktlich.
- Handwerker halten sich nicht an Vereinbarungen.
- Handwerksarbeiten sind generell zu teuer und am Ende immer teurer als vorab kalkuliert.
- Handwerker, die ins Haus kommen, machen nur Dreck und Ärger.

Klischees wie diese hängen uns allen nach. Was machen wir nun mit dem angekratzten Ruf? Um ihn aus dem Weg – besser gesagt, aus den Köpfen – zu räumen, sollten wir gemeinsam das Handwerk in ein besseres Licht rücken. Dabei kehrt jeder zunächst vor seiner eigenen Haustür und trägt dazu bei, unserer Branche wieder zu mehr Glanz zu verhelfen. Denn was wäre die Welt ohne uns Handwerker?
Die Frage ist nun, wie könnten wir alle zusammen und jeder Betrieb für sich, am Imageaufbau und an der Imagepflege arbeiten, sodass wir das Ruder wieder herumreißen? Die Antwort ist einfach: Indem wir den Blick zunächst auf uns und unseren Betrieb richten und überholte Strukturen und Muster hinter uns lassen.

// Fehler der Vergangenheit: Eine kritische Betrachtung der letzten fünfzig Jahre.

Vor ein paar Jahrzehnten noch, in den 1960er und 70er-Jahren, herrschte Hochkonjunktur. Handwerker waren knapp, Aufträge gab es wie Sand am Meer. Die Betriebe brauchten sich folglich nicht um neue Kunden zu bemühen. Mein Vater erzählte mir, wenn mein Großvater in seinem Tischlerbetrieb von einem Kunden angerufen wurde und er gerade nicht ans Telefon gehen konnte, nahm er das nicht besonders ernst. Er rief niemals zurück. „Wenn jemand etwas will, meldet der sich schon wieder."

Die Nachfrage war unermesslich größer als das Angebot und jeder hatte volle Auftragsbücher, egal, was man tat und wie sich die Leute verhielten. Damals war es sogar üblich, dass auf den Baustellen Alkohol getrunken wurde. Die Lehrlinge mussten in der Frühstückspause zur Tankstelle gehen und Bier holen. Damals konnten sich raubeinige Handwerker verhalten wie sie wollten - was sie auch taten. Sie fühlten sich wie Könige auf dem Bau und dachten, niemand könne ihnen etwas anhaben.

Spätestens zu Beginn des neuen Jahrtausends mussten viele Unternehmen erkennen, dass es mit der Konjunktur nicht mehr aufwärts geht. Die guten Zeiten waren vorbei und der Markt hatte sich unmerklich zu einem Verdrängungsmarkt entwickelt. Durch die genannten Internetplattformen wie my-hammer.de, den neuen Marktplayern wie Reuter und Megabad, sowie der unglaublichen Transparenz des Internets waren wir alle plötzlich mit einer vollkommen neuen Art von Preiskampf konfrontiert. Hinzu kam die Liberalisierung des europäischen Binnenmarktes mit Wettbewerb aus Osteuropa, der wiederum stark auf die Preise drückte. Dazu kam der Wegfall der Meisterpflicht in vielen Handwerksbereichen. Viele Handwerksunternehmer mussten sich auf einmal deutlich mehr Mühe geben, um Kunden zu gewinnen. Der Wind wurde rauer und so mancher verlor seine, aus den 70ern stammende Überheblichkeit: *„Wenn ich den Auftrag nicht bekomme, kommt halt der nächste. Wenn ein Kunde nicht zufrieden ist, kommt halt ein anderer. Es ist egal, ob wir einen Kunden verärgern, wir haben so viel zu tun, dass wir bis Ende nächsten Jahres ausgelastet sind."*

Merkst du etwas? Kommt dir diese Überheblichkeit bekannt vor? Mir auch! Denn seit rund zehn Jahren leben wir dank niedriger Zinsen wieder in genau der Situation wie in den 70ern. Das erfüllt mich mit Blick auf die Kundenorientierung manchmal mit großer Sorge. Denn dass so eine Einstellung Gift für gute Kundenbeziehungen ist, brauche ich nicht extra zu betonen. Lass uns also aufpassen, dass wir trotz der immer noch guten Lage in vielen Betrieben nicht den Kunden aus dem Fokus verlieren.

Denn die konjunkturelle Entwicklung zeigt gerade massiv in eine andere Richtung.

Nachdem 2021 & 2022 für viele Handwerksunternehmen Rekordjahre waren, stehen wir heute im Zeichen der Krise: Bei vielen Menschen sind die Umsätze stark eingebrochen. Die Preise sind im Gegenzug stark gestiegen, sodass viele Konsumenten einen Hausbau oder eine dringende Renovierung, die neue Küche oder andere große Anschaffungen nach hinten schieben. Tatsächlich wurden beispielsweise 40 Prozent aller geplanter Neubauten gestrichen. Was das für dich als Handwerksunternehmer bedeutet, weißt du vermutlich?

Weniger Nachfrage → Weniger Aufträge → Weniger Umsatz

Hinzu kommen die gestiegenen Rohstoffpreise, die natürlich auch an den Konsumenten weitergegeben werden müssen, der sich jedoch unter solchen Umständen entweder komplett gegen einen Auftrag entscheidet, oder nur noch den günstigsten Anbieter sucht, egal, wie schlecht die Qualität ist.

Fazit: Die Luft wird langsam dünn.

In den nächsten Monaten werden vermutlich 30 Prozent aller Handwerksunternehmen vom Markt verschwinden. Warum? Weil sie eine Eigenkapitalquote von unter 10 Prozent haben. Sie haben keine Rücklagen. Auch den anderen 70 Prozent stehen düstere Zeiten bevor: Die Kunden kommen in Zukunft nicht mehr von allein. Das Blatt hat sich gewendet.

Eines kann ich dir sagen: Das Wichtigste in so einer Phase sind gezieltes Marketing, ein guter Vertrieb und die richtigen Strukturen im Unternehmen. Niemand kann es sich aktuell leisten, abzuwarten und mal zu schauen, was passiert.

Du als Handwerksunternehmer brauchst die richtigen Strategien, damit du die Krise als Chance nutzen kannst. Genau dafür habe ich dieses Buch geschrieben. Ich möchte dir und allen anderen Handwerkern unserer Zunft zeigen, wie das geht. Ergänzend dazu zeige ich dir in unserem kostenlosen Strategie- und Beratungsgespräch, was du speziell in deinem Unternehmen tun kannst, um als Gewinner aus dieser massiven Krise hervorzugehen.

Kommen wir zurück zum schlechten Ruf der Branche: Dem können wir Handwerker nur dann etwas Positives entgegensetzen, wenn wir bei unseren Kunden bewusst professionell auftreten und ebenso professionelle Ergebnisse abliefern. Zunächst dürfen wir darüber nachdenken, wie unser Verhalten gegenüber unseren Kunden aussehen sollte, um diese von unserer Arbeit zu überzeugen.

TEIL 2

Mit einer glasklaren Botschaft die richtigen Mitarbeiter finden und halten

3

Mut zur Veränderung: Schaffe eine klare Unternehmenspositionierung und konzentriere dich auf das, was du am besten kannst.

Also packen wir es an. Scheuen wir uns nicht davor, neue Wege zu gehen und Innovationen, Investitionen und Image zuzulassen. Es liegt buchstäblich in unseren Händen, die Menschen wieder von der Qualität unserer Arbeit zu überzeugen und damit unsere Branche vor dem Aussterben zu retten. Wie das geht, beschreibe ich in den folgenden Kapiteln.

Ich gebe dir Strategien, Informationen und praxiserprobte Tipps an die Hand, die dir dabei helfen können, ein modernes Image als kompetenter Handwerksbetrieb aufzubauen, die Außenwirkung deiner Firma zu verbessern, motivierten Nachwuchs und qualifizierte Mitarbeiter zu finden und zu halten sowie die Abläufe in deinem Unternehmen zu optimieren, um es fit für die Zukunft zu machen.

Vor allem aber möchte ich dich dabei unterstützen, deinen Betrieb so zu führen, dass du ein Leben abseits der Baustelle führen kannst. Denn die meisten Handwerksunternehmer schieben Überstunde um Überstunde und sind rund um die Uhr mit ihrer Firma beschäftigt – sogar am Wochenende. Ich denke dabei an meinen Vater und wie oft wir als Familie ihn am Wochenende vermisst haben, weil er arbeiten musste. Geht es dir auch so?

Versinkst du obendrein mit deinem Unternehmen zwischen all den Offerten der Konkurrenz, erstellst zwar jede Menge Angebote, bekommst jedoch nur selten den Zuschlag? Dann ist es an der Zeit, die Sichtbarkeit deines Betriebs auf dem Markt zu erhöhen und dich als Experte zu positionieren. Wie das geht, erkläre ich dir gerne auch persönlich. Ziel ist, dass Kunden zu dir kommen, weil sie positiv von dir gehört haben und weil du ihnen empfohlen worden bist.

Es muss nicht sein, viel Zeit und Geld in sündhaft teure Werbemaßnahmen zu investieren, ohne damit den gewünschten Effekt zu erzielen. Es ist an der Zeit, zu ergründen, wo deine Stärken liegen, und diese so zu präsentieren, dass potenzielle Kunden gar nicht anders können, als dich zu beauftragen. Es ist an der Zeit, dich und dein Unternehmen von Grund auf zu analysieren und es so aufzustellen, dass dein Betrieb heute und vor allen Dingen in Zukunft auf der Erfolgsschiene fährt. Dabei geht es darum, dich so zu präsentieren, dass du genau die Kunden anziehst, die du haben möchtest und nicht jeden Kunden nehmen musst.

„Märkte verändern sich heute deutlich schneller als früher. Darauf müssen wir uns einstellen.“

// Hebe dich von deinen Wettbewerbern ab und mache deine Kunden auf dich aufmerksam.

Du solltest zunächst die Frage beantworten, wofür du als Unternehmer mit deinem Betrieb stehen willst und warum die Leute zu dir kommen sollten und nicht zu einem Mitbewerber. Lass mich dir das Beispiel der Raumfabrik geben: Zu uns kommen Menschen, weil sie wissen, dass wir in kürzester Zeit qualitativ hochwertige Renovierungs und Umbaumaßnahmen umsetzen können. Andere Betriebe würden dazu dreimal so lange brauchen. Dieses Image haben wir uns konsequent auf allen digitalen Kanälen aufgebaut und sind damit sichtbar geworden.

Zufriedene Kundenstimmen bestätigen uns das immer wieder. Das zu leisten gelingt uns nur, weil wir alle Abläufe der Arbeiten selbst planen, steuern und überwachen, was wiederum nur deshalb möglich ist, weil wir ein festes Team von Handwerksbetrieben haben. Alle sind absolute Experten auf ihrem Gebiet, so haben wir eine klare Struktur bei jedem Auftrag. Wer bei uns Kunde wird, weiß, was er erwarten kann. Das sind in der Regel Menschen, die keine Lust und keine Zeit haben, sich um Planung, Details und Abwicklung selbst zu kümmern. Diesen Stress tun sie sich nicht an und geben ihr Projekt vertrauensvoll in unsere Hände.

Du siehst das Prinzip, worauf ich hinaus will? Deine Spezialisierung und damit die Positionierung genau zu planen, ist deine Aufgabe als Unternehmer. Die darfst du auch regelmäßig auf Aktualität hin überprüfen, denn die Märkte verändern sich heute deutlich schneller als früher. Deine Zahlen im Unternehmen werden dir dabei helfen und Maßstäbe setzen.

Früher war es durchaus sinnvoll, möglichst viele verschiedene Handwerksarbeiten anzubieten. Als Heizung und Sanitärbetrieb hat man zum Beispiel beim Verlegen der Wasser und Abwasserleitungen die Heizungsleitungen gleich mit verlegt. Als Tischlerei übernahm man nach dem Einbau neuer Fenster auch noch die Montage der Treppe und der Innentüren, das Verlegen des Parkettbodens und vielleicht sogar den Aufbau der neuen Küche. Das war praktisch für den Kunden, weil sie alles in eine Hand geben konnten.

Eine klare Positionierung bietet die Möglichkeit, sich glasklar von der Konkurrenz abzuheben.

In einer Zeit, in der die technischen Anforderungen rasant wachsen, ist es entscheidend, zu wissen, wo man steht und was einen zum Experten macht. Während ein Handwerks-Allrounder im ständigen Preiskampf und Wettbewerb ist, wird der Spezialist als Experte wahrgenommen und kann ganz anders auftreten. Es ist wichtig, die Spezialisierung als Voraussetzung für eine erfolgreiche Unternehmenspositionierung zu sehen, umzusetzen und deutlich nach außen zu kommunizieren, damit potenzielle Kunden auch sehen können, was du anbietest.

So zu denken ist für die Handwerksbranche ungewohnt. Doch die technische Entwicklung und der in Zukunft noch stärker werdende Preiskampf zwingt Unternehmer, zu reagieren. Auch durch Mitarbeitermangel und fehlenden Nachwuchs sollte jeder Betrieb konsequent Arbeitgeber-Attraktivität aufbauen und sich seine Nische im breiten Spektrum der handwerklichen Möglichkeiten suchen. Für viele Betriebe ist das eine große Herausforderung, die von Unsicherheit, Zweifeln und auch existenziellen Ängsten begleitet wird. Es bedeutet, sich von altbewährten Praktiken und breit gefächerten Angeboten zu trennen und sich nur noch auf ein spezielles Gebiet zu fokussieren. Wie das gehen kann, zeige ich später am Beispiel der Raumfabrik, die ich erfolgreich als eines meiner Unternehmen aufgebaut habe.

Die Entscheidung zur Veränderung ist der moderne Weg für Unternehmenserfolg. In unserem Geschäftsführer- und Unternehmertraining gehen wir den Weg der Unternehmenspositionierung zusammen mit unseren Teilnehmern. Betriebe, die zuvor kämpfen mussten, bestätigen, wie entscheidend sich eine geschärfte Positionierung auf ihre Kundengewinnung ausgewirkt hat. Auch, wie leicht sie damit Verkaufsprozesse optimieren und die Sichtbarkeit erhöhen. Ganz nebenbei lassen sich auch die allgemeinen Abläufe im Betrieb viel effektiver gestalten, wenn du dich auf wenige Leistungen fokussierst. Das sichert am Ende den finanziellen Erfolg deines Unternehmens. Heute erzielen unsere Partnerbetriebe mehr Umsatz mit weniger Zeiteinsatz und weniger Stress.

Nachfolgend geht es genau darum: die eigene Spezialisierung und Unternehmenspositionierung zu finden, zu stärken und im Markt sichtbar zu machen.

Möchtest du zudem wissen, wie du dein Unternehmen aus kaufmännischer Sicht auf Vordermann bringst? Welche Strategien du zur Umsetzung brauchst? Dann bleib dran. Zum Schluss tauchen wir dann in die kaufmännischen Aspekte der Unternehmensführung ab. Sehr spannend! Das ist heute wichtiger als je zuvor und ich gebe dir Tipps aus meiner Praxis, wie du bessere Angebote erstellst, und wesentlich höhere Abschlussquoten erreichst.

Mit dem Denken der neuen Zeit tun sich alteingesessene Handwerksunternehmer schwer. Es ist historisch bedingt, dass ein klassischer Handwerker, wie auch mein Vater einer ist, in erster Linie sein Handwerk lernt und nicht das Unternehmertum. Man lernt zuerst Geselle, später Meister. Das Handwerk wird beherrscht – egal, ob als Fliesenleger, Maurer, Schreiner oder einer der anderen 130 Berufe der Zunft. Alles, was ein Handwerker mit den Händen macht, lernt er in der Ausbildung. Ein wertvolles Rüstzeug, das im Laufe der Jahre durch eigene praktische Erfahrungen gestärkt und perfektioniert wird. Dann wird er Meister und ist Meister seines Fachs. Im wahrsten Sinne des Wortes.

// Unternehmerisches Rüstzeug lernen Handwerker nicht in ihrer Ausbildung.

Das unternehmerische Rüstzeug wie Betriebswirtschaft, Strukturen, Controlling, Vertriebstechniken und Marketing hingegen, bekommen Handwerker damit aber immer noch nicht mit auf dem beruflichen Weg. Das kommt durch „Learning by doing“ - oder eben auch nicht. Ich erinnere mich an die vielen Gespräche mit meinem Vater und bin ihm heute noch dankbar, denn es war ihm so wichtig, dass ich mir nach der Lehre erst fundiertes Unternehmerwissen aneigne, bevor ich in die Berufstätigkeit starte. Das habe ich getan und auf diesem Wissen, aus diesen beiden Welten, basiert mein beruflicher Erfolg.

In herausfordernden Zeiten wie heute fehlt dieses Unternehmerwissen an allen Ecken und Enden. Die meisten Meister haben es nicht. Woher auch? Darum fällt es Betrieben auch so schwer, sich als Unternehmen mit einer Spezialisierung auf dem Markt zu positionieren, um aus dem Kampf „Kunden, Preise und Wettbewerb“ herauszukommen. Sie wissen nicht, wie sie zugkräftige Verkaufsstrategien entwickeln und umsetzen, und vor allem nicht, wie sie ihre Leistungen so vermarkten, dass am Ende auch ordentlich „was übrig bleibt“.

Es braucht Offenheit, Mut und den Wunsch, etwas zu verändern. Bist du – im wahrsten Sinne des Wortes – auf zu vielen Baustellen unterwegs? Dann lass uns gemeinsam deine spezielle Kompetenz und darauf folgend deine Positionierung anschauen und überdenken. Sich neu aufzustellen, bedeutet auch, Aufgaben abzugeben und Jobs zu delegieren. Auch das fällt vielen Handwerkern schwer, denn sie wollen gern die Kontrolle über alles, was in ihrem Betrieb passiert, behalten. Das kostet Zeit. Zeit, die dann für andere Dinge fehlt. Wenn du einen Betrieb hast, bist du Unternehmer. Das bedeutet, du solltest nicht nur IM Unternehmen, sondern regelmäßig auch AM Unternehmen arbeiten, um es kontinuierlich weiterzuentwickeln. Das lässt sich lernen.

Ich zeige dir moderne Möglichkeiten für deinen Betrieb auf und möchte dich inspirieren, einen eigenen, neuen Weg zu gehen.

Wenn du dich auf nur einen wesentlichen Bereich handwerklicher Angebote deines Betriebes fokussierst, findest du deine Spezialisierung und kannst aus ihr heraus deine Positionierung festlegen. Nicht nur in deinem Kopf, sondern auch für deine Mitarbeiter. Sie wissen, worauf sie sich konzentrieren und was von ihnen erwartet wird. Es ist einfacher, sich mit einer Sache bis in die Tiefe zu beschäftigen als mit vielen Dingen nur oberflächlich. Das erhöht obendrein die Wirtschaftlichkeit deines Betriebs. Wenn dein Unternehmen und deine Mitarbeiter in 15 bis 20 Segmenten tätig sind, arbeiten sie in jedem der Bereiche geschätzt nur ein paar Tage pro Jahr.

Ein Beispiel dafür ist ein Schreinerbetrieb, dessen Mitarbeiter auch Fenster einbauen können. Da das keine klassische Schreinerarbeit ist, wird das Unternehmen nur selten damit beauftragt. Lass sie das vielleicht dreimal im Jahr machen. Dafür benötigen sie dann mindestens doppelt so lange wie ein Montagetrupp, der das jeden Tag macht. Schon allein deshalb, weil Schreiner keinen eigenen Kran zum Heben der schweren Scheiben haben und diesen erst organisieren und mieten müssen. Das kostet Extra-Zeit. Ihn anzuschaffen, macht für drei Aufträge im Jahr keinen Sinn. Jemand, der jeden Tag Fenster einbaut, braucht ihn täglich. Du siehst, die Wirtschaftlichkeit steigt, je klarer du dich spezialisierst und dich auf diesen einen Bereich fokussierst.

Der Grundsatz, der dahintersteckt, lautet: Lieber in einem Bereich der Beste sein als in vielen Bereichen Zweit oder Drittbester.

Nur der Beste bekommt den Auftrag. Das ist wie im Sport: Nur der Sieger bekommt eine Goldmedaille. Dafür sind Kunden bereit, ohne Zögern mehr Geld auszugeben. Allerdings erwarten sie absolute Spitzenleistung. Zu Recht.

Mittelmass hat keine Chance mehr.

// Den Grundstein legen: Erfolg beginnt mit der richtigen Positionierung.

Du siehst, mit deiner Positionierung steht und fällt der Erfolg eines Unternehmens. In einer Zeit, in der immer spezialisiertere Dienstleistungen gesucht werden, ist die Expertenpositionierung das A und O. Das Verbraucherverhalten hat sich in den letzten Jahren stark verändert:

Kunden beauftragen heutzutage lieber Experten als handwerkliche Alleskönner.

Sie suchen auch bei Renovierungen, Um-, Aus- und Neubauten gezielt Spezialisten, die sich mit modernen Materialien, technischen Installationen oder der Wartung komplexer Anlagen im Wohnbereich auskennen. Zusatzqualifikationen schaffen Vertrauen in die Handwerkexpertise.

Der klassische Handwerkbauchladen, in dem es von allem ein wenig gab, hat ausgedient, auch wenn viele klassische Betriebe noch versuchen, sich gegen den Trend der Zeit durchzuschlagen. Sie müssen kämpfen. Wenn ich durch die Straßen einer größeren Stadt fahre, sehe ich immer noch unzählige Handwerksbetriebe, die mit Schildern werben, auf denen Aussagen wie „Malerarbeiten aller Art, Raumanstriche, Verlegung von Fußbodenbelägen, Laminatarbeiten, Balkonsanierung" stehen. Das ist nicht mehr zeitgemäß. Viele moderne Produkte brauchen inzwischen so viel Know-how, dass allgemeine Handwerkerfahrungen fast nicht mehr ausreichen.
Vielen Unternehmern ist nicht bewusst, wie wichtig eine klare Positionierung ist, um ihr Unternehmen gut aufzustellen und fit für die Zukunft zu machen. Eine Spezialisierung hilft, aus der Vergleichbarkeit mit anderen Betrieben herauszukommen und sich als einzigartiger Anbieter am Markt zu positionieren. Wenn ich einen Balkon zu sanieren habe, hole ich mir einen Spezialisten, der genau in diesem Bereich gut ist und das jeden Tag macht. Denn ich will nicht, dass das Ergebnis nach drei Jahren

bröckelt. Wenn ich eine dekorative, kreative Wandgestaltung wünsche, hole ich mir jemanden, der das gut kann. Wenn ich ein fugenloses Bad haben möchte, das auch im Duschbereich eine gespachtelte Fläche hat, die nahtlos in den Boden übergeht, hole ich mir jemanden, der darin Meister ist. Ich würde niemals jemanden beauftragen, der auf meine Nachfrage antwortet: „Ja, das haben wir auch schon mal gemacht." Für mich – und für anspruchsvolle Kunden - die falschen Partner.
Es ist ein Irrglaube, dass du ein breit gefächertes Angebot brauchst, um in möglichst vielen Bereichen Geld verdienen zu können. Das steigert deine Umsätze nicht, das Gegenteil ist der Fall: Die meisten Handwerksunternehmer erwirtschaften mit ihrem Bauchladen nicht genug. Sie stehen in der Vergleichbarkeit und im Preiskampf. Ein großer Teil der Inhaber von Handwerksbetrieben ist deshalb auch an den Wochenenden im Büro und schiebt Überstunde um Überstunde, um Angebote zu schreiben und die Buchhaltung zu machen. Wenn man das herunterrechnet – Risiko und Stundeneinsatz im Vergleich zu dem, was am Ende des Monats als Gewinn abfällt –, verdient jeder Angestellte mehr. So macht die Selbstständigkeit natürlich keinen Spaß.

// Den Wert deiner Expertise erkennen: Warum eine klare Positionierung höhere Preise rechtfertigt.

Die klare Positionierung führt nicht nur zur grösseren Nachfrage, sondern auch zu höheren Preisen. Die Frage ist, was willst du in Zukunft anbieten? Auf welche Dienstleistungen, auf welche Nische willst du dich spezialisieren? Wenn das klar ist, wird es dir jederzeit gelingen, Angebote so zu formulieren, dass daraus Aufträge werden.

Du arbeitest zielorientiert und wirst Trefferquoten bei deinen Kunden von bis zu 100 Prozent haben. Einerseits dadurch, dass sich deine Angebote auf den spitzen Bedarf einer Zielgruppe richten und andererseits, weil es einfacher ist, eine vernünftige Strukturierung im Verkaufsprozess umzusetzen. Ich weiß, wovon ich rede, denn das mache ich seit Jahren erfolgreich mit Handwerksunternehmern in unserem Training. Wenn du den Weg gehen willst, unterstütze ich dich gerne mit dem Know-how, meiner ausgiebigen Erfahrung. Wir finden heraus, welcher Kunde der richtige für dein Unternehmen ist. Wie du so attraktive Angebote erstellst, dass niemand sie ablehnen kann. Ich zeige dir, wie du deinen Unternehmerlohn auf einfache Art und Weise vervielfachen und gleichzeitig das Hamsterrad des ständigen Arbeitens verlassen kannst. Obendrein wirst du Fehlkosten in deinem Betrieb minimieren und die Strukturen optimieren. Punktgenau geplantes Marketing und Neukundenakquise runden unser Geschäftsführer- und Unternehmertraining ab und machen dich zum Meister auch im Unternehmertum. Mit anderen Worten: Mit einer klaren Unternehmenspositionierung hast du deutliche Vorteile gegenüber dem Marktumfeld.

Die kannst du mit spezialisiertem Marketing nach außen kommunizieren, denn:

/ Du weißt genau, wer deine Kunden sind, und kannst sie gezielt ansprechen.
/ Du baust starke Anziehungskraft für anspruchsvolle, zahlungskräftige Kunden auf.
/ Ein Markenimage gibt deinem Unternehmen ein attraktives Gesicht.
/ Du kannst höhere Preise für deine Leistungen aufrufen.
/ Je spezieller du dich positionierst, desto weniger Wettbewerber bedrängen dich im Umfeld.

Möchtest du auf diese Weise dein Unternehmen auf ein stärkeres Fundament stellen und das Hamsterrad des ständigen Arbeitens und Kämpfen um Kunden und Aufträge verlassen? Zu erkennen, wo du stehst und wo du hinmöchtest, ist sicher der schwierigste Teil des Prozesses. Denn er braucht Raum und Zeit, sich zu entwickeln und wird dich wahrscheinlich eine Weile beschäftigen. Einfacher wird er mit einem Begleiter, der die neutrale Sicht von außen hat. Außenstehende sehen die eigenen Stärken meist klarer als man selbst. Lass uns zusammen daran arbeiten. Ich bin gerne dein Sparringspartner, mit dem du die Unternehmenspositionierung deutlich leichter finden kannst. Wenn du das möchtest, lass uns reden: Buche dir ein kostenloses Gespräch und wir überlegen gemeinsam, wie wir deinen Weg zum erfolgreichen Unternehmer gestalten können.

Du bist dran!

→ **Buche jetzt dein kostenloses Beratungsgespräch!**

// Klarheit macht es einfach, den eigenen Wert nach außen zu kommunizieren.

Wenn du mir bis hierher gefolgt bist, kannst du nun sicher auch die handwerkliche und betriebliche Kompetenz deines Unternehmens benennen? Was könnten deine Spezialisten-Leistungen sein, die du deinen Kunden in Zukunft anbieten möchtest? Fühlbar, messbar, greifbar? Was grenzt dich ab von anderen im Markt? Wo bist du, und wo sind deine Leute einzigartig und unvergleichbar? Finde das heraus, indem du die Frage beantwortest, welche Bereiche und Produktkategorien dir und deinem Team Freude machen, weil sie die Arbeit damit beherrschen.

Versuche, deinen Betrieb aus Sicht von Kunden zu sehen: Welchen Nutzen haben sie, wenn sie mit dir und nicht mit einem anderen Anbieter zusammenarbeiten? Welche Ergebnisse, welche Leistung und Kompetenz erwarten sie von deinem Betrieb? Haben sie Vertrauen und spüren Sicherheit in dich als Unternehmer, wenn sie deinen Internetauftritt betrachten und wenn sie mit dir ins Gespräch gehen?

Dann wechsele die Position und betrachte das Ganze aus der Sicht eines Unternehmers, der seinen Betrieb betriebswirtschaftlich auf ein starkes Fundament stellen möchte. Er kalkuliert in Arbeitseinsatz, Mitarbeiter und Organisationsstrukturen. Da müssen die Zahlen stimmen.

Das sind zwei grundsätzlich unterschiedliche Blickwinkel. Sehr wichtige Blickwinkel. Dir wird auffallen, was richtig und was noch nicht schlüssig ist. Das hilft, deine Positionierung zu prüfen und schließlich auf den Punkt zu bringen. Das ist die Basis, das Fundament, ohne welche du weder die Produktentwicklung noch den Verkauf oder das Marketing zielorientiert planen und umsetzen kannst. An ihr orientiert sich auch die Planung der Verkaufsprozesse. Erst wenn das steht, ist es möglich, Erfolge zu erzielen.

Betriebe, die das sorgfältig ausarbeiten und umsetzen, erzielen bei den Auftragsabschlüssen im Verhältnis zu den Angeboten Trefferquoten von 80, 90 oder gar 100 Prozent. Doch dazu später mehr. Es ist sinnvoll, gelegentlich beide Sichtweisen einzunehmen, um besser zu entscheiden, wofür du als Unternehmer stehen, für welche Kunden du tätig sein und in welchem Level du dich und die Leistungen deines Betriebes preislich positionieren möchtest. Finde deine Nische innerhalb deiner Branche und besetze sie. Baue dir deine Positionierung konsequent aus und kommuniziere sie nach außen, sodass du bekannt wirst.

// Heute erwartet man Spezialistenwissen und Kompetenz.

Das ist vergleichbar mit einem Arztbesuch: Wenn jemand Knieprobleme hat, sucht er sich einen Kniespezialisten. Da geht man nicht zum Allgemeinmediziner oder breit aufgestellten Orthopäden. Man will einen Fachmann, einen Experten für Knieprobleme, der einem schnell und kompetent

helfen kann. Anschliessend einen Physiotherapeuten oder, wenn die Probleme sportbedingt sind, einen Sportmediziner mit entsprechender Expertise. Genauso ist es im Handwerk – die Kunden suchen heute keine Allrounder mehr, wenn sie im Internet recherchieren oder Freunde fragen, sondern einen Experten, der genau ihr Anliegen umsetzen kann.

Spezialisieren heißt, dass du dich in deinem Angebot, das du nach außen sichtbar machst, auf wenige Schwerpunkte fokussierst. Vielfalt und Komplexität sind in jedem Bereich des Handwerks stark gestiegen. Ein zu großes Leistungsportfolio geht automatisch mit Einbußen bei der Expertise einher und verlangt ständig Anpassungen. Woher soll die Zeit der fachlichen Weiterbildung kommen, damit du und dein Team immer auf dem letzten Stand der technischen Entwicklung bleibt? Die Märkte sowie die technischen und qualitativen Anforderungen ändern sich rasant. Aufgrund dieser Geschwindigkeit darfst du als Handwerksunternehmer permanent schauen, wo die Entwicklung deiner Branche hingeht. Als Allrounder müsstest du ständig verfolgen, wo die Entwicklung der ganzen Handwerksbranche hingeht. Als Spezialist konzentrierst du dich auf den Bereich, der mit der Spezialisierung zu tun hat. Das ist einfacher und geht tiefer.

Deine Aufgabe als Unternehmer ist es, neben deinem Tagesgeschäft, die Veränderung der Märkte zu verfolgen. Das gilt besonders für die Heizungsbranche, in der sich Innovationen quasi selbst überholen. Gleiches gilt im Sanitärbereich, der unglaublich komplex geworden ist.

Die Ansprüche der Kunden an Design, Komfort und Technik sind stark gestiegen. Vor nicht allzu langer Zeit gab es das Thema „Badezimmer als Wellnessraum“ noch gar nicht. Ein Sanitärbetrieb musste sich nicht mit der Vielfalt an Produkten und Lösungen, wie man sie heute kennt, beschäftigen. Damals wurde ein Bad einfach fertig gemacht: WC, Waschbecken, Badewanne oder Dusche. Fertig. Es gab vier bis fünf Armaturenhersteller und zwei Badewannenmodelle. Die Auswahlmöglichkeiten der Kunden und das Beratungsspektrum der Handwerksbetriebe waren überschaubar.

Inzwischen haben Kunden die Qual der Wahl zwischen unzähligen Armaturen, Badewannen, Waschbecken und WCs. Sogar bei den Abflüssen gibt es verschiedene Varianten. Das alles unter einen Hut zu bringen, kostet Zeit und ist für eine Person fast nicht möglich. In einem klassischen Sanitär und Heizungsbetrieb müsste es deshalb einen Mitarbeiter geben, der nur für den Sanitärbereich zuständig ist, und einen Mitarbeiter, der sich ausschließlich mit Heizungen beschäftigt. Wenn du als Unternehmer in beiden Bereichen auch noch die komplette Palette von Low Budget bis High End anbieten willst, droht der Overkill.

Du siehst, worauf ich hinaus will? Sich dessen klar zu sein und diesen Spezialisten-Weg konsequent zu gehen, rechtfertigt ein anderes Preisniveau deiner Leistungen und Angebote. Darauf, wie du das aufbaust und gestaltest, gehe ich im letzten Teil des Buches ein. Angebote haben eine Macht in sich, wenn man sie richtig aufbaut, von der träumen die meisten Handwerker nur. Ich verrate dir meine Geheimnisse. Setze sie um, dann verdienst du mit weniger zeitlichem Aufwand denselben Lohn. Dich auf einen oder im Team gezielt auf wenige Bereiche zu fokussieren, gibt Raum, dich tiefer und konzentrierter einzuarbeiten. Das ist zwingend erforderlich, damit du als Experte auftreten und den Kunden kompetent beraten kannst.

Kunden nutzen natürlich auch die Möglichkeiten des Internets, um sich vorab zu informieren. Manche mehr, manche weniger. Auf diesem Wege bekommen sie in kürzester Zeit unglaublich viele Informationen, mit denen sie dir dann überlegen sind, wenn du nicht ausreichend in das Thema eingearbeitet bist. Sie kommen zu dir und sind selbst die Experten. Wenn sie merken, dass sie selbst mehr Ahnung haben als du als vermeintlicher Spezialist, als Fachunternehmer, kannst du den Auftrag vergessen.

Die Erwartung von gut informierten Kunden ist, dass du als Fachmann diese wahnsinnige Informationsflut, die im Internet auf sie eingeprasselt ist, bündelst und auf ihre individuelle und spezifische Situation herunterbrechen und übersetzen kannst. Mit anderen Worten, sagen kannst, was dieser Kunde tatsächlich braucht und welchen Nutzen er damit hat. Diese Kunden erwarten, dass du mindestens so viel weißt wie sie und obendrein dank deiner Erfahrung dieses Wissen auch professionell umsetzen kannst.

Wenn sich jemand also ein Wochenende lang mit Brennstoffzellenheizungen beschäftigt hat, weiß er alles über das Thema. Er weiß genau, wie diese Heizung funktioniert, kennt die Vor und Nachteile im Vergleich zu anderen Heizungsarten, ist darüber im Bilde, welche Fördermöglichkeiten es gibt und welche Anbieter solche Heizungen im Portfolio haben. Er hat außerdem noch die aktuellen Ergebnisse der Stiftung Warentest studiert. Wenn du nicht auf das Thema innovative Heiztechniken spezialisiert bist, gehst du in so einem Kundengespräch unter. Du stehst da wie ein Depp und der Kunde ist enttäuscht.

// Wie du dich auf das Wesentliche konzentrierst und deinen Marktanteil steigerst.

Die gigantischen Informationsmöglichkeiten, die Kunden heutzutage haben, sind einer der wichtigsten Gründe für Handwerksbetriebe, sich zu spezialisieren.

// Challenge: Wie fit ist deine Marktkompetenz?

Nimm dir etwas Zeit und prüfe, wie fit du in Sachen Marktkenntnis bist. Beantworte für dich folgende Fragen.

Wie entwickeln sich die Märkte in meinem Spezialgebiet?

Wie entwickelt sich die Branche?

Wie entwickeln sich meine Wettbewerber?

Welche Materialien sind gerade up to date?

Welche gesetzlichen und technischen Vorgaben sind neu?

Worauf richten sich meine Mitbewerber aus?

Grenze ich mich noch klar ab?

Wie kann ich die Marktentwicklung nutzen, um meine Spezialisierung und Positionierung zu stärken?

Notizen /

4

Vom Handwerksbetrieb zum erfolgreichen Unternehmen: Von der klassischen Tischlerwerkstatt zur innovativen Raumfabrik

Wenn du einen Betrieb führst, bist du Unternehmer. Das bedeutet, es ist für dich als Geschäftsführer wichtig, nicht „im" Unternehmen mitzuarbeiten, sondern regelmäßig auch „am" Unternehmen zu arbeiten, um es kontinuierlich weiterzuentwickeln und zeitgerecht zu gestalten.

Sei gewiss, das kann man lernen. Wir führen dich bei Bedarf Schritt für Schritt, vom ersten bis zum letzten, durch den Prozess, Unternehmer zu werden. Dieser Weg ist vergleichbar mit dem Bau eines Hauses: Man beginnt, am tragfähigen Fundament zu bauen und nicht zuerst das Dach auf- oder die Fenster im ersten

Stockwerk einzusetzen. Nimmt man Schritte vorweg oder überspringt sie, gerät das Konstrukt leicht ins Wanken und das führt zu einem instabilen Ergebnis.
Das Fundament des Unternehmers ist Spezialisierung und die eigene Positionierung im Markt. Werfen wir einen Blick auf das Leistungsportfolio, das du als Betrieb deinen Kunden anbietest. Steht da in der Werbung oder auf deiner Website: „Raumanstriche und Malerarbeiten aller Art, Verlegung von Fußbodenbelägen, Balkonsanierung und, und, und...“? Was sagt das über dich und deinen Betrieb aus? Richtig: Du bist ein Multitalent. Du hast viele verschiedene Schwerpunkte, ohne es zu werten, einen „Bauchladen“. Wenn ein Bereich nicht mehr funktioniert, wechselst du in einen anderen und holst dir da die Aufträge.

Ich zweifle nicht an, dass du viele Dinge gut kannst und auch machst, doch das reicht heute nicht mehr aus. Die Erfolgsrezepte der Vergangenheit funktionieren nicht mehr. Weder in der Gegenwart noch in der Zukunft.

Die einzelnen Bereiche sind zu komplex geworden. Kunden erwarten Exzellenz. Premium. Spezialisten. Wer alles gut macht, kann nicht in einem Bereich ein spezialisierter Experte sein. Doch genau das braucht unsere Zeit.

Stell dir vor, du hast einen Heizungs- und Sanitätsbetrieb. Du deckst mit deinen Leistungen und Produkten Heizungsanlagen, Sanitärinstallation und vielleicht sogar Klimaanlagen ab. Wenn man einen Kunden vor 25 Jahren gefragt hat, welche Heizungsanlage er möchte, standen nur Öl oder Gas zur Auswahl. Damit war die Beratung auch schon vorbei, und der Kunde konnte sich entscheiden. Wie ist das heute? Heute haben wir Gas- und Öl-Brennwert. Es gibt solartechnische Unterstützung, die entweder mit Warmwasser- oder Heizungsunterstützung arbeitet. Dann nehmen wir die Wärmepumpen und auch hier gibt es zwei Varianten: Luftwärmepumpen oder Wasserwärmepumpen. Wenn sie auf Wasserbasis arbeiten, gibt es Flächen- und Tiefenkollektoren. Nicht zu vergessen die Brennstoffzellen-Heizung.

// Fokussiere dich auf eine für dich lukrative Nische.

Es hat sich inzwischen technisch – nicht nur in diesem Bereich – so eine unglaubliche Vielfalt entwickelt, dass es für kleine Betriebe fast unmöglich ist, da mit- und das eigene Know-how auf dem neuesten Stand zu halten. Geschweige denn, seine Mitarbeiter laufend zu qualifizieren und auf den aktuellen Stand zu bringen. Ein unglaublich hoher Zeitaufwand, der nicht bezahlt wird. Prozesse lassen sich nur schwer abbilden, wenn man sich in diesen komplexen Welten nicht fokussiert. Handwerksbetriebe müssen erkennen, dass sich das Erfolgsrezept der Zukunft verändert hat: Es heisst nicht mehr „Mache möglichst viele Dinge“, sondern „Fokussiere dich auf eine für dich lukrative Nische“. Versuche darin der-Beste zu werden, anstatt in vielen Bereichen Zweiter oder Dritter zu sein.

Wenn du dich auf eine Technologie fokussierst, hast du entscheidende Vorteile:

/ 1. Nur Experten sind Kundenmagneten.

Lass mich das anhand einer persönlichen Geschichte erklären: Wenn du Kinder zwischen acht und zwölf Jahren hast, kennst du sicher diese Hoverboards. Mit denen können Kinder durch die Gegend schweben und haben viel Spaß. Für Erwachsene sind sie weniger geeignet. Meine Frau hat es ausprobiert und obwohl sie sehr sportlich ist, hat es sie zerlegt. Das Ergebnis: Handgelenksbruch. Das konnte sogar ich als Tischler auf den ersten Blick erkennen. Sie saß im Rettungswagen, ich bedröppelt auf dem Bürgersteig, mein Smartphone in der Hand. Was mache ich? Ich googelte „Handchirurgie im Umkreis“ und finde die Uniklinik Münster. Als der Fahrer des Rettungswagens sie in die Allgemeinklinik nach Greven fahren will, interveniere ich und sage: *„Nein, wir bringen meine Frau zum Experten, nämlich in die Hand-Chirurgie der Uniklinik Münster.“* Klar, oder?

Nimm ein anderes Beispiel: Du willst Sushi essen gehen. Da wählst du doch automatisch den Japaner und nicht ein Restaurant, in dem es sowohl Sushi als auch Pizza, Pasta, Schnitzel, Pommes und Gyros gibt. Da ist Sushi sicher nicht so gut, denkst du. So geht es auch Kunden, die sich Handwerksbetriebe für bestimmte Leistungen suchen. In ihrer Wahrnehmung ist der, der einen Bauchladen anbietet, kein Spezialist. Der macht alles, aber nichts richtig gut.

/ 2. Dein Team ist leistungsfähiger.

Wenn du dich in deinem Betrieb spezialisierst, machst du dich mit der Arbeit auf diesem Gebiet vertraut. Handlungen, die man gut kann und integriert, weil sie täglich anfallen, sind einfacher, sicherer und werden mit jedem Mal qualitativ besser. Für dich und dein Team wäre es viel schwerer, jeden Tag etwas anderes tun zu müssen und die Tätigkeit ständig zu wechseln.

/ 3. Das Marketing wird wirkungsvoller.

Stell dir vor, du schwimmst in einem Ozean und versuchst, deine ganze Kraft in deine Schwimmzüge zu legen. Dir kommt es vor, als würdest du gegen den Strom und die Wellen anschwimmen und nicht voran kommen. Die Armbewegungen stehen sinnbildlich für deine Marketing-Power. Wie wäre es, wenn du aus dem riesigen Ozean eine kleine Badewanne machst: Welche Kraft bekämen deine Armbewegungen nun? Richtig: Du erzeugst einen Tsunami und das Wasser schwappt aus der Wanne. Das bedeutet, dein Marketing ist um ein Vielfaches wirkungsvoller, wenn du dich als Experte in einer Nische positionierst.

/ 4. Die Komplexität ist zu bewältigen.

Warum, zeigt das zuvor genannte Beispiel des Betriebes für Heizung, Sanitär, Klima. Die technische Entwicklung ist so komplex geworden, dass es unmöglich ist, immer auf dem aktuellen Stand zu bleiben. Es kostet zu viel Zeit und du hast das Gefühl, du rennst der Entwicklung immer hinterher. Ich sehe, wie mein Vater vor Jahren an seinem Schreibtisch saß, hinter sich das Regal voller Ordner. Produktinformationen über Produktinformationen. Wie viel Zeit hat es gekostet, da etwas zu finden.
Mal ehrlich, das kann in den Augen eines Kunden doch gar nicht kompetent wirken. Der recherchiert nämlich im Internet, bevor er mit dir spricht und weiß, wenn er zu dir kommt, sicher mehr als du zu dem Thema. Wer ist denn da Berater? Wir haben damals unsere Angebote konsequent ausgedünnt und mehr als die Hälfte der Ordner weggeworfen. Plötzlich war wieder Platz für Dinge, auf die wir uns fokussieren wollten. Es gab neuen Raum im Kopf, um uns mit einem Bereich intensiv und in die Tiefe zu beschäftigen. Eine spitze Positionierung mindert die Komplexität und macht schlichtweg das Leben einfacher.

/ 5. Experten erwirtschaften einen höheren Ertrag.

Auch hierfür möchte ich ein Beispiel geben: Du kennst sicher Hans Wilhelm Müller-Wohlfahrt, den ehemaligen Mannschaftsarzt der Fußballnationalmannschaft und Bayern München. Wie viel Jahre hat er an seinem Expertenstatus gearbeitet? Bei offiziellen Spielen saß er immer dicht neben dem Bundestrainer, dort, wo ihn die Kameras auch erfassen konnten. Wie oft wurde er deswegen in einem Atemzug mit dem Trainer genannt? Nimm dagegen Dr. Markus Braun, den Mannschaftsarzt von Borussia Dortmund. Den kennt niemand. Jetzt kommt die provozierende Frage: Wer von den beiden erwirtschaftet in seiner Praxis abseits der offiziellen Fußballspiele einen höheren Ertrag?

Meine feste Überzeugung: Natürlich der Experte Hans Wilhelm Müller Wohlfahrt.

/ 6. Strukturen und Prozesse lassen sich einfacher abbilden.

Wenn die Vielfalt technischer Produkte und Dienstleistungen geringer ist, sind die Arbeitsabläufe, zu planenden Prozesse und Strukturen einfacher abzubilden. Stelle dir vor, du spezialisierst dich auf ein Schwerpunkt-Produkt. Wie viel einfacher würde sich die Arbeit für dich und dein Team gestalten? Angefangen von der Einsatz- bis zur Zeitplanung. Willst du die Prozesse für viele unterschiedliche Produkte und Dienstleistungen abbilden, ist das relativ schwer zu bewältigen und macht deinen Betrieb unübersichtlich.

// Der Weg aus der Vergleichbarkeit führt nur über Spezialisierung.

Als Multi-Anbieter dagegen bist du preislich immer vergleichbar. Das Internet ist unglaublich transparent und wenn es keine Spezialisierung gibt, nehmen Kunden den Preis als Messwert, um eine Auswahl zu treffen. Wer vergleichbar ist, ist kein Spezialist, der sich bis in die Tiefe auskennt. Nimm das Beispiel einer Heizungsanlage: Während das noch vor zwei Jahrzehnten eine überschaubare Sache war, spielen heute zusätzliche Features wie digitale Steuerung, nachhaltige Ansätze und die Netzwerkverbindung mit anderen technischen Systemen in Hause eine Rolle. Wie viel Zeit würde es dich kosten, die neuesten Produkte, Materialien und Anwendungen zu kennen und deine Mitarbeiter ständig zu schulen?

Spezielles Know-how ist mehr gefragt denn je. Es werden Spezialisten gebraucht, die einen Bereich aus dem Effeff beherr-

„Eine glasklare Experten-
positionierung ist die
Grundlage für deinen
Erfolg.“

„Spezialisierung macht dich erfolgreich.“

schen wie kein anderer und ihre Kompetenz laufend up to Date halten. Die ständig auf dem letzten Stand der Technik sind und nur die besten Produkte anbieten und verbauen. Erfolgsweg der Zukunft im Handwerk heißt:

Spezialisten statt Generalisten.

Denen passiert es nicht, dass ein potenzieller Kunde informierter ist als sie selbst, sondern sie sind kompetente, vertrauenswürdige Berater ihrer Kunden. Das schafft Vertrauen und bindet sie.

Wenn ich mit einem Handwerksunternehmer arbeite, ist der erste Schritt, zu analysieren, wo seine Stärken liegen. Das ist die Basis. Es erfordert sehr viel Fingerspitzengefühl und Einfühlungsvermögen, das herauszuarbeiten. Auf der anderen Seite braucht es Fachkompetenz und Marktkenntnis. Wir hinterfragen in den ersten Gesprächen immer: In welchem Bereich möchtest du dich spezialisieren? Was kannst du heute schon besser als deine Mitbewerber? Mit welchem Thema wirst du schnell Aufmerksamkeit bei potenziellen Kunden erzeugen können und einen Sog des Interesses in Gang setzen, sodass Kunden nicht mehr an dir vorbeikommen? Wie entwickeln sich jedoch auch deine Märkte? Wo gibt es Chancen, wo bestehen Risiken? Welche Technologiersprünge sind in deiner Branche zu erwarten und bei welchen Kunden warst du in der Vergangenheit warum besonders erfolgreich? Ziel ist, Antworten auf genau diese Fragen zu finden. Wenn dich das interessiert, vereinbare unverbindlich ein erstes kostenloses Beratungsgespräch und lass uns reden. Den QR-Code findest du auf Seite 223.

Der Gedanke, das eigene Portfolio auszudünnen und sich auf einen oder nur wenige Bereiche zu beschränken, kann zunächst Unwohlsein verursachen. Es wird die Befürchtung wecken, dass dadurch der Umsatz zurückgeht, man weniger Kunden gewinnt und dass vielleicht sogar der Betrieb auf der Strecke bleibt. Ich kann dich beruhigen: Das wird nicht passieren! Aus meiner eigenen Erfahrung mit unserem Betrieb und aus der Arbeit mit inzwischen unzähligen Handwerksunternehmern weiß ich, dass genau das Gegenteil passiert. Spezialisieren macht erfolgreich.

Wenn du ein wahrer Spezialist auf deinem Gebiet bist, merken das deine Kunden sofort.

Sie bekommen nicht nur eine bessere Beratung, sondern vor allen Dingen bei der Umsetzung auch hervorragende Arbeitsergebnisse und sind damit sehr zufrieden. Dafür zahlen sie ohne Diskussion auch einen angemessenen Preis. Wenn deine Leistung verbunden ist mit einer technischen Investition wie beispielsweise einer Heizungsanlage, ist die allein schon kostspielig. Wer möchte riskieren, dass sie durch mittelmäßige Installation und Inbetriebnahme nicht hundertprozentig funktioniert? Niemand!

Es tritt auch ein anderer Effekt ein: Du wirst weiterempfohlen, wenn du diese eine, spezielle und anspruchsvolle Sache gut machst. Spezialisten sind kostbar; die teilt man gerne mit seinen Freunden und Bekannten. Generalisten nicht. Ist das, für das du dich entscheidest, außerdem noch etwas, was dich selbst begeistert, verdienst du in Zukunft dein Geld nicht nur mit einer Sache die du aus der Tiefe heraus beherrschst, sondern auch liebst. Vor allem aber bist du aus der Vergleichbarkeit und dem leidigen Preisfeilschen gegenüber Mitbewerbern raus. Das erleichtert die Neukundengewinnung enorm.

// Wie du deine Positionierung als Handwerksbetrieb auf ein starkes Fundament stellst.

Alle Methoden und Werkzeuge in diesem Buch habe ich selbst entwickelt und erprobt. Ich nutze sie tagtäglich in meinen Unternehmen. Daher kann ich dir garantieren, dass sie auch dir auf deinem Weg zum erfolgreichen Handwerksunternehmer gute Dienste leisten.

Glaubst du nicht auch, dass sich auf fundiertes Unternehmerwissen ein kraftvolles Power-Marketing, eine zündende Werbestrategie und ein automatisierter Prozess der Kundengewinnung aufbauen lässt? Planung ist alles. Unstrukturierte Schritte zu gehen, etwa spontane Marketingmaßnahmen aus dem Bauch heraus zu machen, ist unlogisch und unprofessionell. Sie haben keine klare Linie und passen oft nicht ins Konzept. Auch Leistungen zu verkaufen, die nicht hundertprozentig deinen Fähigkeiten entsprechen, kannst du in Zukunft vermeiden, weil du mit deinem Spezialangebot mehr und besseren Umsatz machen wirst. Es gilt nur, das richtig nach außen zu kommunizieren. Darauf gehe ich später noch tiefer ein. In unserem Geschäftsführer- und Unternehmertraining erarbeiten wir diese Aspekte mit unseren Teilnehmern und schauen uns intensiv an, wie Spezialisierung und die richtige Positionierung praktisch umsetzbar sind. Wenn dich das interessiert, lass uns darüber sprechen. Ich stehe dir mit meinem Wissen zur Verfügung.

Du bist dran!

→ **Buche jetzt dein kostenloses Beratungsgespräch!**

Wenn dann dein eigener Betrieb wieder goldenen Boden unter sich als tragfähiges Fundament hat, hast du einen wertvollen Teil dazu beigetragen, auch das Ansehen der Handwerkszunft in der Öffentlichkeit zu steigern. Meine Vision ist, mit meiner Initiative „Mission Starkes Handwerk" der Zunft schon bald die Wertschätzung zukommen zu lassen, die ihr zusteht. Mit meinem Konzept schafft es jeder Handwerksunternehmer, sich der Welt von seiner tatkräftigsten Seite zu zeigen, sich als Unternehmen so zu spezialisieren und im Markt als Marktführer in der Nische zu positionieren, dass Menschen das Handwerk wieder mehr wertschätzen und ohne Diskussion angemessene Preise für exzellente Leistungen zahlen.

// Challenge: Wie sieht deine Positionierung aus?

Nimm dir etwas Zeit und beantworte für dich folgende Fragen.

Für welchen Arbeitsbereich bist du und dein Betrieb besonders spezialisiert?

Für welche Art von Handwerksarbeiten hast du schon viel Erfahrung und gute Referenzen?

Welche Arbeiten und Produkte machst du und dein Team mit Leichtigkeit und Freude und möchtet sie deshalb zukünftig gerne anbieten?

Bei welchen Kunden hast du die grösste Trefferquote und warum ist das so?

Besitzt dein Betrieb ein besonderes Merkmal, das euch gegenüber dem Wettbewerb einzigartig macht?

Kannst du dein Angebot durch einen Zusatznutzen attraktiver machen, sodass es im Wettbewerbsvergleich einzigartig wird?

Notizen /

// Handwerkliche Tradition trifft auf Innovation.

Mein beruflicher Weg schien vorgezeichnet: Tischlerlehre, danach Übernahme des elterlichen Betriebs. Nichtsdestotrotz war ich mir kurz vorm Abitur nicht darüber im Klaren, ob ich tatsächlich ins Handwerk gehen soll oder nicht. Überlegungen wie Maschinenbau zu studieren, standen im Raum. Etwas völlig anderes. Eher aus jugendlichem Protest und dem Einfluss meines besten Freundes mit seinem Manager-Vater geschuldet.

Doch das damals schon ausgeprägte Handwerkerherz siegte. Ich entschloss mich, es auszuprobieren. Nicht im eigenen Betrieb, sondern ich absolvierte zunächst ein Praktikum in einer anderen Tischlerei. Das hat mich so infiziert, dass ich in unserem Betrieb eine Lehre begann. Es fiel mir nicht immer leicht, denn ich bin eher der theoretische Typ. Als Kind habe ich selten in der Tischlerei gespielt oder wollte gar meinem Vater zur Hand gehen. Während der Ausbildung musste ich zum ersten Mal handwerklich arbeiten. Wie oft habe ich geflucht, weil ich etwas nicht hingekriegt habe. Aufgeben jedoch war für mich noch nie eine Option. Dafür bin ich zu ehrgeizig. Ich wollte lernen - alles von der Pike auf. Also habe ich die Ausbildung nicht nur sauber durchgezogen, sondern mich jeden Tag etwas mehr in diesen Beruf verliebt. Die handwerklichen Fähigkeiten zu lernen, bis ich sie beherrschte, motivierte mich jeden Tag aufs Neue. Vater war ebenso stolz wie ich, als ich meine Prüfungen sowohl in der Theorie als auch in der Praxis mit Bravour und Auszeichnung bestand. Ich war zu einem großartigen Handwerker herangewachsen und hätte leicht den Rest meines Lebens als Tischler arbeiten können.

Praktisch zu arbeiten, lag mir auf einmal sehr. Schon während der Ausbildung hatten mich Freunde immer wieder um kleinere Tischlerarbeiten gebeten. Dadurch konnte ich mir in diesen zweieinhalb Jahren Ausbildung unglaublich viel Wissen und Fertigkeiten aneignen. Mein Vater war mein Ausbilder. Er forderte mich, mehr als die anderen Lehrlinge. Das fand ich ungerecht, doch rückblickend weiß ich, dass genau das für mich Lernmotivation und Erfolgs-Booster war.

Vielleicht fühlst du dich in diesem Moment in deine eigene Ausbildung zurückversetzt? Erinnerst du dich? Ich sehe, während ich schreibe, Momente vor mir, als wären sie gestern gewesen: Schöne und nicht so schöne. Beispielsweise fühle ich den Ärger noch in mir, dass ich als Lehrling nie an einer Sache dranbleiben konnte und so manches Werkstück gefühlt ewig dauerte. Man wird als Azubi ständig unterbrochen und muss dauernd etwas anderes machen. Überall mit anpacken: auf dem Bau, in der Werkstatt, im Büro. Konzentration auf ein Stück war gar nicht drin, weil ich auf die Baustelle geschickt wurde oder irgendeine andere Aufgabe bekam. Doch ich war aufmerksam, beobachtete und analysierte, ohne darüber zu reden. Schon während meiner Ausbildung sah ich Stärken und Schwächen in der elterlichen Unternehmensführung, denn mein Vater war in fast alle Projekte involviert.

// Die Nachteile des Handwerkerdaseins.

Schon in meiner Kindheit sah ich meinen Vater selten, weil er oft Samstag- und Sonntagvormittag im Büro war. Mit den Worten: „Ich muss noch ein paar Angebote und Rechnungen schreiben" ging er aus dem Haus und liess uns allein. All das, was unter der Woche liegen geblieben war, musste er am Wochenende erledigen. Da konnte er in Ruhe und ungestört arbeiten. Das änderte sich auch nicht, als ich sein Azubi war. Der Blick auf die tägliche Arbeit meines Vaters liess in mir den Wunsch stark werden, dass ich manche Dinge später anders machen wollte. Mir war recht bald klar, dass ich nach der Tischlergesellenprüfung noch weiterlernen wollte.

Es gab viele Dinge, die ich sah und nicht richtig fand. Eines davon waren die ständigen Unterbrechungen, wenn ich an einem eigenen Stück arbeitete. Eines Tages nahm ich meinen ganzen Mut zusammen und sagte meinem Vater, dass ich das nicht mehr wollte. Ich wünschte mir von ihm, dass ich nicht immer mehrere Dinge gleichzeitig machen muss. Wie gut wäre es, dachte ich mir, wenn ich die Aufgabe, die man mir gibt, erst mal konzentriert fertig mache, bevor ich die nächste angehe. Außerdem wollte ich in den zweieinhalb Jahren meiner Ausbildung viel lernen und nicht nur in der Gegend rumgeschickt werden. Zunächst belächelte man das, aber man gab mir den Freiraum. Sofort machte mir die Arbeit wieder mehr Spaß.

Nach der Ausbildung war ich zunächst unsicher, was ich machen möchte. Rückblickend bin ich unendlich dankbar, dass ich auf den Rat meines Vaters gehört habe. Er sagte: *„Sven, wenn du unseren Betrieb erfolgreich weiterentwickeln möchtest, dann kann ich dir nur einen Tipp geben: Lerne Unternehmertum."* Er wusste, dass er ein hervorragender Tischlermeister war, denn er hatte das Handwerk von der Pike auf gelernt. Er wusste aber auch, dass er das, was von ihm in seiner Unternehmerrolle erwartet wird, nicht auf der Meisterschule mitbekommen hatte. Diese Aufgaben hat er sich irgendwie im laufenden Tagesgeschäft nebenbei angeeignet, so wie es viele Handwerker tun, wenn ihr Betrieb wächst und sie Mitarbeiter einstellen: sich um Strukturen, Prozesse und Mitarbeiterführung zu kümmern, Marketing zu machen, Produkte und Dienstleistungen an Kunden zu verkaufen und neben all dem, auch ständig die Unternehmenszahlen im Blick zu haben.

Er riet mir Unternehmertum zu lernen. Doch wo lernt man das? In einem BWL-Studium an der Uni? Das wäre mir zu theoretisch gewesen. Deswegen habe ich ein duales Studium an einer privaten Hochschule gewählt und konnte parallel in einem mittelständigen großen Fensterbau-Betrieb mein frisch gewonnenes Wissen einbringen. Dennoch, das erste Semester war nicht lustig. Nach drei Jahren handwerklicher Praxis ging es plötzlich nur noch um Zahlen, Fakten und theoretische Inhalte. Stundenlange Vorlesungen in der FH und der ständige Kampf mit diesen, für mich ungewohnten, neuen Inhalten war nervig. Abends war ich

„Einen Betrieb zu führen ist etwas anderes, als IN einem Betrieb zu arbeiten.“

fix und fertig und hatte das Gefühl, nichts geschafft zu haben. Wie anders war mein Tagesablauf in den letzten drei Jahren gewesen: morgens eine Platte oder einen Holzstamm vor mich stellen; abends stand ein fertiger Tisch da. Das Gefühl von Produktivität fehlte mir im Studium. Etwas mit den eigenen Händen zu erschaffen, ist ein erfüllendes, starkes Gefühl. Doch die Dualität des Werksstudium tat mir gut, denn ich durfte die theoretischen Inhalte aus den Vorlesungen direkt im Betrieb einbringen. Praktisches Lernen. So hielt ich die theoretischen Phasen durch, und lernte, ein Unternehmen zu führen. Ich war neugierig und sog die praktische Umsetzung meines theoretischen Studiums geradezu in mir auf: ein Jahr Marketing, ein Jahr Assistenz des Geschäftsführers, zwei Jahre im Vertrieb. Die Zeit im Vertrieb war unglaublich. Da konnte ich mehr Fenster verkaufen als manch ein Außendienstler und habe mich mit meinen 500 € Ausbildungsvergütung für das Unternehmen echt bezahlt gemacht.

Verkaufen wurde mir anscheinend schon in die Wiege gelegt. Ich bin heute in tiefer Dankbarkeit meinem Vater gegenüber, weil er mich auf den richtigen Weg gebracht hat. Hätte er mir damals nicht diese klare Empfehlung gegeben, hätte ich vielleicht Innenarchitektur oder Design studiert oder, wie es im Handwerk üblich ist, meinen Meister gemacht.

Er kannte mich gut und hat meine Fähigkeiten gesehen, lange bevor ich sie selbst erkannt habe. Je mehr ich lernte, desto klarer wurde für mich: „Einen Betrieb zu führen ist etwas anderes, als IN einem Betrieb zu arbeiten."

Eine wichtige Erkenntnis, bei der ich stets unseren Familienbetrieb im Hinterkopf hatte, für den ich mir dieses neue Wissen aneignete. Mir war klar, dass ich ihn eines Tages weiterführen würde, allerdings nicht so, wie er war. Mein Gefühl sagte mir, dass ich wesentliche Dinge verändern müsse, um daraus einen zukunftsfähigen, erfolgreichen Tischlereibetrieb zu machen. Das Gefühl wuchs mit der Zeit zu einer großen Vision. Das Material Holz und die handwerklich hochwertige Arbeit hatten meine Leidenschaft geweckt. Das Unternehmertum fing an, mich herauszufordern und ich begann, anders zu denken. Jeden Tag meines Studiums mehr. Diese Mischung aus Theorie und Praxis war genau das Richtige für mich.

// Der Erfolg kam durch Veränderung: Wie ich vom Tischlergeselle zum Unternehmer wurde.

Im BWLStudium an der Hochschule der Wirtschaft in Elmshorn lernte ich viel über Leadership, Innovation und Digitalisierung. Der Studiengang selbst hatte auch eine starke Praxisorientierung und gab mir im Zusammenspiel mit den betrieblichen Umsetzungsphasen das Gefühl, genau das zu lernen, was ich später in unserem Familienbetrieb brauche. Ich verstand, was die recht simple Formel in all seinen Facetten bedeutet:

„Unternehmertum = unternehmerisches Denken + Handeln".

Schon der Begriff „Unter – nehmen" zeigte mir, dass Unternehmertum eher aktiv als passiv ist. Was aber macht einen guten Unternehmer aus? Eine Frage, die mich immer mehr beschäftigte. Mit der Zeit wurde meine eigene Definition immer klarer: Ein Unternehmer zeichnet sich in erster Linie durch eine Geisteshaltung aus, die das gesamte Handeln beeinflusst. Während ein Manager einen Betrieb oder Firma eher lenkt, in dem er innerbetriebliche Prozesse steuert, sind Unternehmerpersönlichkeiten auf der Suche nach Innovationen und Verbesserungen. Sie haben das Ziel, Dinge im Unternehmen mit ihrem Handeln positiv zu verändern.

Ein Mensch mit Unternehmergeist zeigt in jedem Moment die Bereitschaft zur Eigeninitiative, manchmal auch verbunden mit einer gewissen Risikobereitschaft.

„Wer nichts wagt, der nichts gewinnt", sagt schon der Volksmund und ich glaube, da ist viel dran. Wer auf der Stelle stehen bleibt, kann sich nicht weiterentwickeln. Ein guter Unternehmer ist wachsam und möchte überholte Strukturen und alte, nicht mehr gültige, Muster durch etwas Besseres ersetzen und bestehende Prozesse sinnvoll optimieren und dabei Innovationen neuen Raum geben. Die Wirtschaftlichkeit, den Umsatz und die Zufriedenheit der Kunden verliert er dabei nie aus den Augen.

Unternehmer brauchen einen starken und pflichtbewussten Charakter, denn sie übernehmen die volle Verantwortung für einen Betrieb, deren Mitarbeitenden, sich selbst und ihre Familien, auch dann, wenn sie unternehmerische Risiken eingehen.

Um ein erfolgreicher Unternehmer zu werden, musst du also eine starke Persönlichkeit sein und wirtschaftliches Know-how besitzen. Hast du das? Wie denkst du als Unternehmer? Um das herauszufinden, lass dich gerne auf die folgende Übung ein und beantworte die Fragen für dich. Wie immer, gerne schriftlich.

// Challenge: Bist du in deinem Betrieb Fachkraft, Manager oder Unternehmer?

Nimm dir einen Moment Zeit, um die folgenden Fragen zu beantworten. Reflektiere dabei deine Gedanken und notiere alle Aspekte, die dir in den Sinn kommen.

Betrachte dich selbst einmal kritisch: Siehst du dich als Handwerker, Manager oder Unternehmer?

Gibt es Veränderungsprozesse, die du in deinem Betrieb in Gang gesetzt hast?
Wenn je, welche sind das?

Welche unternehmerischen Risiken bist du damit eingegangen?

Hat das in deinem Betrieb den Spirit auch verändert?

Wie würdest du den bezeichnen?
Nenne drei Aspekte.

Was möchtest du in deinem Betrieb noch positiv verändern?

Notizen /

5

Meine Geschichte: Erste unternehmerische Aufgaben bewältigen und Verantwortung übernehmen

Zum Ende des Studiums hin, ich war gerade 27 Jahre alt geworden, fragte ich mich, ob ich schon bereit bin, in den elterlichen Betrieb als Junior-Chef einzusteigen oder nicht. Hatte ich bereits genug unternehmerisches Denken?

Um eine Antwort kam ich herum, denn mein Vater gab sie mir indirekt. Noch während des Studiums erzählte er mir von einer Handwerker-Kooperation, die er mit ins Leben gerufen hatte, aber nicht sehr glücklich damit war. Er erkannte, dass sie weder eine sinnvolle Struktur noch eine unternehmerisch tragbare Strategie hat. Der Zusammenschluss verschiedener Handwerksbetriebe sah vor, dass andere Betriebe Aufträge von uns übernehmen und wir welche von ihnen bekommen. Doch die Aufträge, die wir über diese Kooperation bekamen, wären sowieso bei uns gelandet. Allein deshalb, weil der Wettbewerb in unserem kleinen Ort nicht besonders groß war. Neukunden und Wachstum ergaben sich aus der Kooperation nicht. Entsprechend unzufrieden war mein Vater und er bat mich, darüber nachzudenken, Ideen zu entwickeln, sie besser und effektiver aufzustellen.

Diese Aufgabe reizte mich, so sehr, dass ich darüber meine Semesterarbeit schrieb. Es entstand ein völlig neues Konzept, aus dem später die „Raumfabrik" wurde. Das Konzept stellte ich den beteiligten Handwerksbetrieben vor, die diese, relativ lose Kooperation, mit meinem Vater gegründet hatten. Zentrale Idee war, verbindliche Regeln für die zukünftige Zusammenarbeit zu schaffen, denn die gab es nicht. Jeder von diesen – ich nenne sie - Alphatieren, stellte seine eigenen auf. Das war nicht zielführend, denn jeder hatte nur den eigenen Vorteil im Kopf und alle strebten in eine andere Richtung. Um eine sinnvolle Zusammenarbeit zu schaffen und gemeinsam erfolgreich zu werden, brauchte es erst mal einen klaren Rahmen, feste Abläufe und verbindliche Strukturen.

Die zweite, entscheidende Idee war, dass jeder beteiligte Betrieb die Bereitschaft haben müsse, etwas zu investieren, um das Ganze in Richtung Erfolg zu schieben. Mir war klar, dass es eine zentrale Person geben müsse, die alle Fäden in der Hand hält und das Geschehen verantwortlich lenkt. Die sollte sich um Vertrieb, Kundenbetreuung, Marketing und die Lösung von auftretenden Konflikten kümmern. Dafür hatten die einzelnen Handwerker neben ihrem Tagesgeschäft keine Kapazitäten, denn sie waren in ihrer 50- bis 60-Stunden-Woche im eigenen Betrieb gefangen.

Man einigte sich darauf, dass jemand angestellt wird, der hauptberuflich diese Kooperation neu strukturiert, strategisch ausrichtet und voranbringt, so dass alle Nutzen haben. Diese Person sollte ein Gehalt bekommen, auch wenn nicht von Beginn an Umsatz generiert werden könne. Anlaufkosten würden von allen vorfinanziert.

Als ich mein Konzept vorstellte, waren alle begeistert. Sie waren bereit, zu investieren, weil sie verstanden, dass die Idee, unterschiedlichste Leistungen gebündelt aus einer Hand zu vermarkten, die Erfolgsstrategie der Zukunft ist. Das hat sich inzwischen in vielen Bereichen bestätigt: Kein Kunde möchte sich beispielsweise beim Hausbau mit jedem einzelnen Handwerker, der am Auftrag arbeitet, auseinandersetzen. Diese Koordination kostet viel Zeit.

Man fragte mich, ob ich diese Aufgabe übernehmen wolle – und ich sagte *„Ja“*. Als Handwerkersohn, aus einem eigenen Betrieb kommend, wusste ich, dass ich das schaffen kann. Die Praxiserfahrung meiner Lehre und die Erfahrungen aus dem dualen BWL-Studium waren Basis meines Wissens. Diese Idee war mehr als reizvoll. Auf diese Weise konnte ich in den elterlichen Betrieb einsteigen, aber mit einem komplett anderen Thema, das ich aufbauen und verantworten würde. Ich würde mit 27 Jahren zurück ins Familienunternehmen kommen und mit meinem Vater zusammenarbeiten. Zwar nicht als Junior-Chef, sondern, um etwas Eigenes aufzubauen.

// Die Raumfabrik: Ein innovatives Unternehmensmodell setzt neue Massstäbe im Handwerk.

Aus der Kooperation ist in den Jahren das Konzept der „Raumfabrik“ entstanden. Weil ich die zeitlichen Kapazitäten hatte und leistungsorientiert die Richtung lenkte, konnte ich das Projekt rasch voranbringen. Heute steht ein ganzes Team dahinter. Wir sind unglaublich schnell gewachsen und haben unzählige gute Aufträge bekommen. Zu Beginn war ich allein, mit meinem Schreibtisch im Büro des Vaters. Bald schon musste ich die erste Assistentin einstellen, die heute noch in unserem Unternehmen beschäftigt ist.

Schnell ist mir klar geworden, dass Kunden, die wir mit unserem Konzept ansprachen, ein Rundum-sorglos-Paket bei uns suchen.

Es waren von Beginn an Privatkunden, die einen hohen gestalterischen Anspruch haben. Wir analysierten unsere Kunden, um uns besser auf ihre Wünsche und Bedürfnisse einzustellen. Daraus entwickelte sich folgendes Bild:

/ 1. Die High Potentials:

Das sind Menschen, Anfang bis Mitte 30 Jahre, mit hohem Bildungsabschluss, sehr erfolgs- und karriere-orientiert. Sie sind in einer Lebensphase, in der sie auf der ersten Stufe der Karriereleiter angekommen sind, die sie angestrebt haben, oder in der sie bereits erfolgreich ein eigenes Unternehmen führen. Das eine wie das andere, gibt ihnen eine sehr gute finanzielle Basis. Sie werfen den ganzen Rummel von Ikea & Co raus und geben zum ersten Mal Geld fürs Wohnen aus. Damit erfüllen sie sich den Wunsch, sich mit Luxus und schönen Dingen zu umgeben und ihren Erfolg nach außen hin zu zeigen. Statusorientiert. Stolz, es geschafft zu haben. Sie suchen Marken als Statussymbol und wollen ausgesuchte Materialien, die etwas Besonderes ausstrahlen.

/ 2. Die zweite Kundengruppe ist ähnlich, nur zehn Jahre älter:

Das sind Menschen, etwa Anfang bis Mitte 40, Geschäftsführer, Vorstände, Chefärzte, Unternehmer. Der Anteil der Unternehmer macht 50% unserer Kunden aus. Alles erfolgreiche Führungspersönlichkeiten, sehr leistungs- und karriere-orientiert. Sie lieben es, zu zeigen, was sie erreicht haben. In dieser Lebensphase des Gasgebens in Richtung Beruf und Erfolg, erkennen sie allerdings, dass sie das auf Dauer nicht glücklich macht und sie beginnen, ihr Wertekonstrukt mit Blick auf Familie, Freunde, Freizeit zu hinterfragen und sich selbst wieder mehr in den Fokus zu rücken. Da kommt es zum Hausbau, zur Veränderung und zu mehr Sinnhaftigkeit im Wohnen.

/ 3. Die dritte Kundenzielgruppe ist die sogenannte „Silver-Generation“:

Das sind Menschen, Anfang bis Mitte 50, die schon durch die ersten beiden Lebensphasen durch sind. Sie konsumieren nicht nur aus ihrem hohen Einkommen, sondern haben inzwischen Vermögen aufgebaut, das sie in Wohnen und Leben investieren. Sie renovieren, bauen oder kaufen Immobilien, die sie dann nach ihren Vorstellungen herrichten lassen. Bei diesen Menschen spielen Werte wie Zuverlässigkeit, Seriosität und Vertrauen eine große Rolle.

Diese Bedürfnisse, konnte ich damals nicht alle abdecken, denn ich bin weder Innenarchitekt noch Architekt. Das zu erkennen, war der erste Entwicklungsschritt der Raumfabrik. Wir suchten also einen Architekten/Innenarchitekten, der die Projekte so plante, wie unsere Kunden es sich wünschten. Anfangs gab es noch Bedenken, weil die Handwerksunternehmer befürchteten, dass sie keine Aufträge mehr von anderen Architekten bekommen würden, wenn wir einen eigenen in der Kooperation hätten.

In der Diskussion stellte sich heraus, dass sie bis dahin viele ihrer Aufträge, die direkt über Architekten oder Innenarchitekten kamen, nur über den Preis generieren konnten. Die preiswertesten Angebote gewannen die Ausschreibung. Nicht besonders wertschöpfend. Oft nur eine Art von Geldwechsel. So entschieden wir uns, mit einem eigenen eine deutlich höhere Wertschöpfung für alle zu erreichen. Das Konstrukt ging auf: Wir stellten unseren ersten Innenarchitekten ein. Er ist immer noch bei uns und bekleidet heute eine leitende Funktion im Unternehmen.

Es zeigte sich nach wenigen Monaten, dass sich das überhaupt nicht auf das direkte Architektengeschäft der Handwerker auswirkt. So konnten wir dieses Konzept über die Jahre hinweg weiterentwickeln. Mittlerweile sind wir eher ein hochkarätiges Architekturbüro, das mit einem festen Pool von Handwerksbetrieben arbeitet und alle unsere Planungen erfolgreich mit ihnen umsetzt. Den Begriff „Handwerker-Kooperation“ haben wir ersetzt durch „Raumfabrik–Architektur. Kunden verstehen uns als das, was wir sind: Handwerksbetriebe, die sinnvoll zusammenarbeiten, zentral koordiniert werden und ihnen damit deutlich mehr Nutzen und Zeitersparnis bieten. Wir übernehmen neben der Planung und dem perfekten Zusammenspiel von Innen- und Außenarchitektur die Genehmigungsverfahren, kümmern uns auf professionelle Weise um Statik, Licht- und Gebäudetechnik, ebenso wie um die Wärmeschutznachweise und Fördermöglichkeiten.

Dieses Portfolio ist mit altbekannten Handwerker-Kooperationen nicht mehr vergleichbar. Das Konzept ist bis heute enorm gewachsen: Wir sind inzwischen an drei Standorten in Deutschland präsent. Neben dem Hauptsitz in Münster gibt es seit 2011 einen auf Norderney und seit 2014 einen in Düsseldorf. Es ist ein System mit bedeutenden Synergieeffekten entstanden. Die drei Betriebe in Münster, Düsseldorf und Norderney profitieren als Franchisenehmer von Leistungen, die kostengünstiger als Einzelleistungen sind, weil sie effektiv und zentral an einem Ort erbracht werden. Wir bündeln Budgets und Personalressourcen für unser inzwischen mehrfach ausgezeichnetes Marketing-Konzept, für unsere EDV-Infrastruktur, für Digitalisierungsprojekte und schlussendlich auch für kaufmännische Hintergrundprozesse wie Buchhaltung, Finanzen und Bilanz-Erstellungen.

// Erfolgreiche Unternehmensführung: Strukturen schaffen, um aus dem Tagesgeschäft auszusteigen.

Ich habe also neben der Modernisierung unseres eigenen Tischlerbetriebs das zweite Unternehmen „Raumfabrik“ mit mehreren Standorten aufgebaut. Dennoch gehe ich nicht in Arbeit unter, sondern habe es geschafft, die Strukturen und Prozesse aller Unternehmen so aufzubauen, dass die richtigen Mitarbeiter an den richtigen Stellen platziert sind. Dies war nur durch das Wissen und die Methoden möglich, die ich im Laufe meiner 20-jährigen Erfahrung im Handwerk und Unternehmertum erworben habe.

Heute bin ich in der Tischlerei und Raumfabrik operativ gar nicht mehr tätig. Stattdessen verfüge ich über leistungsfähige Mitarbeiter und exzellente Führungskräfte, die Verantwortung übernehmen und das operative Geschäft allein leiten. Ich begleite sowohl die Tischlerei wie auch die Raumfabrik aus dem strategischen Blickwinkel, aber nicht mehr im operativen. Und dennoch, oder müsste ich vielleicht besser sagen, gerade deswegen, machen wir mit den Unternehmen 8-stellige Jahresumsätze.

Unternehmerisch gesehen ist das die Champions League und ich bin sehr stolz, das geschafft zu haben: Ein Unternehmen an drei Standorten mit einer Komplexität aufzubauen und dennoch nicht vom Tagesgeschäft gefangen zu sein. Ich begleite jedes dieser Unternehmen mit einem Zeitaufwand von drei bis vier Tagen pro Monat, also etwa einen Tag pro Woche. Das ist überschaubar und reicht vollkommen.
Die Möglichkeit zu haben, mich aus dem Tagesgeschäft zu entkoppeln, gab mir den Freiraum, intensiv am Unternehmen und nicht mehr im Unternehmen zu arbeiten. Selbst wenn ich nicht anwesend bin, läuft das Tagesgeschäft reibungslos weiter. Wie man solche Freiräume im eigenen Betrieb schaffen und neue Strukturen installieren kann, lernen die Teilnehmer bei uns im Geschäftsführer- und Unternehmertraining.

Ich sehe es als großes Privileg an, diese Erfahrung und das Wissen aus den vielen Jahren Handwerks- und Unternehmertum an andere Handwerksunternehmer weitergeben zu dürfen. Um das sinnvoll tun zu können, habe ich die „Mission Starkes Handwerk“ gegründet. Meine Aufgabe sehe ich darin, Handwerksunternehmern individuell Impulse zu geben, wie sie sich und ihren Betrieb in diese Richtung weiterentwickeln können. Sie profitieren von all meinen Erfahrungen. Das ist meine Leidenschaft, mein Wissen, meine Kompetenz und die teile ich gerne mit ihnen. Wenn dich das interessiert, erläutere ich das gerne in einem persönlichen Strategie- und Beratungsgespräch.

Als Coach und Trainer habe ich verschiedene Module, Seminare und Workshops geschaffen, in denen ich zusammen mit meinem Team einzelne Unternehmer direkt wie auch digital begleite.

Unser mehrmonatiges Trainingsprogramm verfolgt in erster Linie das Ziel, die Betriebe mit unseren erfolgserprobten Konzepten zu mehr Umsatz und Ertrag bei gleichzeitig geringerem Zeiteinsatz zu führen. Unsere Teilnehmer finden durch die, genau aufs Handwerk zugeschnittene, Online-Marketing-Strategie automatisiert ihre Wunschkunden und lernen, wie sie sich und ihre Leistungen besser und vor allen Dingen zum angemessenen Wert verkaufen.

Daneben gelingt es ihnen nach dem Training, deutlich schneller geeignete Fachkräfte zu gewinnen und ihre Mitarbeiter menschlich wie fachlich an den Betrieb zu binden. Zu guter Letzt erhöhen die Betriebe durch besser aufgebaute Prozesse und sinnvolle Strukturen die unternehmerische Effizienz, was sich erheblich auf den Unternehmensgewinn auswirkt.

„Du bist Handwerker aus Leidenschaft, aber vor allen Dingen bist du ein Unternehmer.“

6

Mehr Zeit für das Wesentliche: Wie man aus dem Hamsterrad ausbricht

Bist du ein Handwerker aus Leidenschaft und bist wahrscheinlich in einem der Gewerbe des Bau- und Innenausbauhandwerks tätig? Neben dem bist du aber vor-allen Dingen ein Unternehmer.

Das ist vielen Inhabern kleiner Handwerksbetriebe nicht ausreichend bewusst, sie handeln mangels besseren Wissens nicht unternehmerisch. Wie mein Vater lernt man das nicht auf der Meisterschule, sondern „Learning by doing". Du hast vielleicht eine kleine Firma mit ein paar Mitarbeitern, die Zahl könnte zwischen fünf und zwanzig liegen? Vielleicht sogar mehr. Dein Ziel ist wahrscheinlich, nicht nur als Handwerker, sondern auch als Unternehmer alles richtig zu machen? Das bedeutet, dass du in allen Dingen einbezogen bist und selbst überall aktiv mitarbeitest, um die Kontrolle zu behalten.

Darum kommst du morgens als Erster in den Betrieb und bist stets vor deinen Mitarbeitern da. Wenn alle eingetroffen sind, teilst du sie persönlich ein. Während sie auf Baustellen unterwegs sind, bleibst du im Büro und machst alles Administrative, wie Angebote und Rechnungen schreiben, die Leute einteilen und Kundenanfragen bearbeiten.

Spätestens um Viertel nach neun klingelt zum ersten Mal das Telefon, weil es ein Problem auf einer eurer Baustellen gibt. Du entscheidest, was zu tun ist - notfalls vor Ort. So zieht sich der Tag dahin und besteht genau genommen nur aus Reagieren, nicht aber aus aktivem Agieren. Nur E-Mails schreiben, Telefonate führen, Anfragen beantworten, sich um tausend Kleinigkeiten kümmern. Du bist den ganzen Tag im Reaktionsmodus und hast keine Zeit, selbst etwas zu initiieren. Komplett fremdgesteuert. Du findest nicht einmal ein Zeitfenster, um darüber nachzudenken, wie du etwas ändern könntest, um aus dieser Misere herauszukommen.

Abends um sieben gehst du nach Hause und hast nichts von dem geschafft, was du dir vorgenommen hattest. Nicht selten sitzt du länger im Betrieb, um Angebote und Rechnungen zu schreiben und die Buchhaltung zu machen. Vom Wochenende ganz zu schweigen, denn unter der Woche kommst du zu nichts. In diesem Hamsterrad fühlst du dich gefangen und es fehlt die Zeit, um über bessere Strukturen im Unternehmen nachzudenken.

Dazu kommen massive Nachwuchssorgen. Es gelingt nicht, neue Auszubildende und gute Mitarbeiter zu finden. Deine zahlreichen Stellenausschreibungen bringen so gut wie keine Bewerbungen und das führt schlussendlich dazu, dass noch mehr Arbeit an dir hängen bleibt.

Hast du dich in dieser Beschreibung wiedererkannt? Dann ist es höchste Zeit, dass du beginnst, als Unternehmer zu denken und zu handeln und langsam diesen Dauerlauf im Hamsterrad zu verlassen.

Es ist an der Zeit, die Abläufe in deinem Betrieb zu optimieren, damit du Zeit für die wirklich wichtigen Dinge im Leben hast: für deine Familie, für dich selbst, für Freunde, Hobbys, Urlaub und nicht zuletzt für deine persönliche Entspannung.

Ich zeige dir im Folgenden Möglichkeiten auf, wie du das ändern kannst. Also lass uns loslegen!

TEIL 3

Mit einer glasklaren Botschaft die richtigen Mitarbeiter finden und halten

„In diesem Hamsterrad bist du gefangen und es fehlt die Zeit, um über bessere Strukturen im Unternehmen nachzudenken.“

7

Der Ursache auf den Grund gehen: Warum du nicht die richtigen Mitarbeiter findest

Der wichtigste Erfolgsfaktor für ein Handwerksunternehmen sind Mitarbeiter und der Nachwuchs, also die Menschen, die bei dir und für dich arbeiten. Eine der größten Herausforderungen als Inhaber eines Betriebes ist es, solche Mitarbeiter zu finden, die dein Unternehmen voranbringen, es stärken und nach außen hin präsentieren.

Das ramponierte Image macht es immer schwieriger, motivierte Auszubildende und qualifizierte Mitarbeiter zu finden. In diesem Kapitel wird es darum gehen, was du als Firmeninhaber tun kannst, um junge Menschen für diesen Beruf zu begeistern und das Nachwuchsproblem zu lösen. Im letzten Teil gehe ich darauf ein, was du für das Image deines Betriebes, und damit gleichzeitig für das Image unserer Handwerkszunft machen kannst, um es positiv zu stärken. Außerdem werde ich Strategien erläutern, wie der Handwerkerberuf so attraktiv gemacht werden kann, dass er engagierte Mitarbeiter geradezu magnetisch anzieht.

// Der Nachwuchs fehlt: Handwerksberufe sind für junge Menschen nicht attraktiv genug.

Ein Umdenken unserer Branche ist schon deshalb dringend erforderlich, um das Handwerk für den Nachwuchs attraktiv machen. Die jungen Menschen gehen uns nämlich verloren. Wer will schon in einem Beruf arbeiten, über den die meisten Menschen meckern? „Unpünktlich“, „nicht zuverlässig“, „unsaubere Arbeit“, „lange Wartezeiten“, „zu teuer“. Klischees wie diese schrecken junge Leute massiv ab und das ist nicht verwunderlich.

Wie konnte es so weit kommen, dass ein derart schlechter Ruf unserer Branche voraus eilt? Da ist es doch nur allzu verständlich, dass junge Menschen lieber studieren oder andere Berufe wählen, statt ins Handwerk zu gehen. Doch was wäre die Welt ohne Handwerker? Haben wir nicht alle eine wichtige gesellschaftliche Aufgabe, indem wir das Interesse junger Menschen an handwerklichen Tätigkeiten wieder wecken und fördern? Mit anderen Worten:

Es ist an der Zeit, nicht nur den handwerklichen Betrieben, sondern auch dem Beruf des Handwerkers wieder ein attraktives Image zu geben.

Schließlich will jeder, der ihn lernt, sein Leben lang darin arbeiten und stolz drauf sein. Nur wenn wir gemeinsam die Notbremse ziehen und aktiv, jeder für sich und in der Zunft alle gemeinsam, etwas tun, können wir die Richtung, in die es gerade geht, noch umlenken. Nur dann kann der Nachwuchs für die Zunft und seine vielfältigen Möglichkeiten gesichert werden. Welcher Handwerksunternehmer möchte denn mit 70 Jahren

noch in seinem Betrieb stehen, weil sich weit und breit kein Nachfolger finden lässt?
Wie machen wir das konkret? Zunächst dürfen wir unser eigenes Bewusstsein als Handwerker aufpolieren, um es dann dem Nachwuchs schmackhaft zu machen. Handwerker sind Multi-Genies und haben einen wichtigen Anteil an der Entwicklung unserer Welt. Egal, wo wir hinschauen: Ohne Handwerker geht es nicht. Das wird derzeit vor allen Dingen bei der Klimawende sichtbar, die ohne das Handwerk nicht mal ansatzweise erreicht werden kann. Gerade das kann junge bewusste Menschen ansprechen. Handwerker erfüllen mit ihrer Arbeit auch einen hohen Wert für die Gesellschaft und das dürfen wir in Richtung Jugend kommunizieren. Gleichzeitig Vorteile und Bedeutung einer betrieblichen Ausbildung im Handwerk klarmachen. Nicht jeder will studieren. Der klassischen Ausbildung allerdings gilt es, das verstaubte Image zu nehmen, denn darauf stehen junge Menschen nicht. Es gilt, sie nicht nur über die vielfältigen Berufe im Handwerk zu informieren, sondern sie echt zu begeistern und innerlich anzuzünden.

// Das praktische Arbeiten mit den Händen ist uns allen schon mit in die Wiege gelegt.

Wenn man es genau nimmt, steckt doch in den meisten von uns ein kleiner Handwerker und bei Kindern ist es besonders ausgeprägt. Wurde nicht jedem das praktische Arbeiten mit den Händen schon in die Wiege gelegt? Wenn man Kinder beobachtet, sieht man, dass sie alles mit ihren Händen erkunden, auseinander nehmen, versuchen, es wieder zusammenzusetzen und sie haben grossen Spass daran, etwas zu bauen oder zu basteln. Sie erschaffen mit Lego, Klötzen oder den unterschiedlichsten Materialien Häuser, Burgen und Schlösser. Warum fördern wir das nicht schon früh und wecken damit den Funken an Begeisterung, der sie später zu grandiosen Handwerkern werden lässt?

Das Fördern ist leider etwas verlorengegangen, denn irgendwann hielten Smartphone, Tablet und Laptop Einzug ins Kinderzimmer und es wird gewischt und getippt anstatt gebaut und gewerkelt. Dadurch geht dem Handwerk wertvolles Potenzial verloren. Eine fundierte handwerkliche Ausbildung dagegen bietet hervorragende Berufschancen und Karrieremöglichkeiten. Heute mehr denn je. Es liegt also in unseren Händen, den schlechten Ruf unserer Branche wieder auf Hochglanz zu polieren und die Berufe, bei denen man im wahrsten Sinne des Wortes Hand anlegen muss, für die Jugend wieder interessant zu machen.

Schaffen wir das nicht, sieht die Zukunft unserer gesamten Gesellschaft fragwürdig aus. Denn wenn niemand mehr Häuser baut, Möbel tischlert und sich um Wasser, Heizung und Rohrreinigung kümmert, sitzen wir irgendwann mit unseren Smartphones in der Hand in leeren Räumen, schlafen auf dem Boden und wärmen uns am Lagerfeuer.

Alle Handwerksbetriebe haben Nachwuchsprobleme, auch Friseure, Bäcker und Metzger. Was das für unser zukünftiges Leben bedeutet, ist nicht auszumalen! Obendrein läuft die industrielle Großproduktion dem Handwerk in so einigen Bereichen schon den Rang ab. Doch es ist nicht zu spät - im Gegenteil: ich würde sagen, heute beginnen viele Menschen, vor allem junge, umzudenken und nach werthaltigen Dingen zu fragen. Massivholz statt Massenware. Handwerklich gefertigte Dinge werden spürbar mehr geschätzt.

Wenn wir Handwerksunternehmer uns die Frage stellen, warum Nachwuchs und Mitarbeiter so schwer zu finden sind, können wir gerne Gründe auch bei uns selbst suchen. Keines der Handwerksgewerke hat es geschafft, sich ansprechend zu vermarkten. Dieses Versäumnis könnten wir auf die Handwerkskammern oder Verbände schieben – doch das wäre zu einfach und auch nicht fair. Die machen nämlich mittlerweile schon einen recht guten Job: Mit großflächigen und bundesweiten Plakatkampagnen versucht unser Zentralverband seit Jahren, das Handwerk stärker in den Fokus der öffentlichen Aufmerksamkeit zu rücken und ein modernes Bild zu vermitteln. Vor allem bei jungen Menschen. Die Werbekampagnen präsentieren diverse Berufsfelder auf prägnante Art und ermuntern Jugendliche zu einer Ausbildung in einem von über 130 Handwerksberufen. Dennoch mangelt es massiv an Bewerbern für eine Ausbildung. Warum? Ich glaube, es liegt daran, dass das positive Bewusstsein für das Handwerk nicht im Außen, sondern direkt im einzelnen Betrieb geprägt wird. Wenn also unsere Handwerkzunft schlecht dasteht, liegt die Ursache bei jedem selbst.

// Challenge: Ist dein Betrieb für den Nachwuchs interessant genug?

Nimm dir einen Moment Zeit, um die folgenden Fragen zu beantworten. Reflektiere dabei deine Gedanken und notiere alle Aspekte, die dir in den Sinn kommen. Versetze dich dabei in die Lage eines jungen Menschen, der vor der Berufswahl steht. Was glaubst du?

Was glaubst du: Warum sollte ein junger Mensch heute ins Handwerk gehen?

Was macht das Handwerk für junge Menschen attraktiv?
Nenne 3 Aspekte.

Warum ist die Ausbildung zum Handwerker für junge Menschen unattraktiv?
Nenne 3 Aspekte.

Was glaubst du, was macht eine Ausbildung in deinem Betrieb für einen jungen Menschen interessant?
Nenne kraftvolle Argumente.

Was bietest du ihnen, was sie nirgendwo anders bekommen?

Was hast du als Unternehmer und Lehrherr verändert, damit die Ausbildung bei dir besser ist als anderswo?

Wenn Azubis bei dir ausgelernt haben, wie gut sind sie fachlich drauf?

Bekommen sie in deinem Betrieb eine starke Basis für ihre berufliche Zukunft?
Würdest du sie übernehmen und als Geselle einstellen?

Notizen /

Diese Übung soll dich dafür sensibilisieren, wie deine Mitarbeiter dich und deinen Betrieb aus ihrer Perspektive sehen. Sind sie zufrieden? Reden sie gut über ihren Arbeitsplatz? Was möchten sie; was brauchen sie von dir als Vorgesetzten? Was könntest du tun, um mehr junge Menschen anzuziehen? Versetze dich in ihre Lage und versuche sie besser zu verstehen. Wenn du dann über deine Notizen schaust, entdeckst du vielleicht Diskrepanzen zwischen deiner Vorstellung und der Arbeitsrealität deines Azubis.

Die sehe in meiner täglichen Praxis, wenn ich mit Handwerksunternehmern arbeite: Die Ausbildung des Nachwuchses wird in vielen Betrieben falsch, manchmal sogar lieblos umgesetzt. Azubis fühlen sich nicht sinnhaft eingesetzt und wertschätzend behandelt. Häufig sind Auszubildende (immer noch) billige Arbeitskraft. Die wesentlichen Inhalte des Berufes werden nur unzureichend vermittelt. Die überbetrieblichen Ausbildungsstellen, also Berufsschule und ausbildungsbegleitende Lehrgänge sollen die Lücken schließen. Doch das funktioniert heute nicht mehr, denn junge Leute lassen ihren Frust in den Social-Media-Kanälen raus und das wiederum prägt das negative Image eines Betriebs.

8

Ausbildung im Wandel: Wie man mit neuen Konzepten junge Menschen für das Handwerk begeistern kann

Leider gibt es immer noch Ausbilder, die der Meinung sind, wenn der Azubi im Betrieb ist, soll er überall mit anfassen, tragen helfen, aufräumen, Kaffee kochen und andere Hilfsarbeiten übernehmen.

Vielleicht übertreibe ich ein wenig, aber seien wir doch mal ehrlich: In wie vielen Betrieben unserer Branche ist dieser Umgang eher die Regel als die Ausnahme? Deshalb möchte ich Unternehmer im Handwerk sensibilisieren darüber nachzudenken, ob sie in ihrem Betrieb eine moderne, oder eine veraltete Old-School-Ausbildung anbieten. Würdest du als Lehrling in deinem Betrieb mit Spannung und Aufregung beginnen wollen, wenn du noch mal jung wärest?

Lass dich doch mal auf das Gedankenspiel ein:

Was würde dich an deinem Betrieb und am Beruf anziehen, wenn du heute noch einmal einen Ausbildungsplatz wählen müsstest? Was würde dich begeistern? Was würdest du erwarten?

Wenn du darüber nachdenkst, könnten sich Diskrepanzen zwischen Wunsch und Wirklichkeit auftun. Die akzeptieren junge Menschen heute nicht mehr. Die Zeiten, in denen man Azubis als günstige Arbeitskraft benutzt, sind längst vorbei. Sie sind selbstbewusst geworden und wollen in der Ausbildung ernst genommen werden. Um das umzusetzen, darf ein Handwerksausbilder darüber nachdenken, wie eine sinnvolle, zeitgemäße Ausbildung in seinem Unternehmen aussehen könnte. Erstelle doch einen Fahrplan, eine Roadmap auf Basis der Ergebnisse, die der Lehrling nach drei Jahren bringen sollte. Nimm an, der Betrieb wolle ihn übernehmen. Was wären die Erwartungen an seine Leistungen, zum ersten Mal als Geselle mit angemessenem Gesellengehalt? Stelle dir vor, deine Ausbildung wäre so gut, dass bei dir im Betrieb nur gute Mitarbeiter heranwachsen, die du bedenkenlos übernehmen könntest. Dann hättest du wahrscheinlich keine Mitarbeitersorgen.

// Erfolgreiche Ausbildung im Handwerk: Was Unternehmer zum Thema Nachwuchs beachten sollten.

Vergiss dabei die vorgegebenen Ausbildungspläne. Die kennt jeder, doch wenn man die runterbricht, sieht man Defizite. Würdest du einen minderqualifizierten Mitarbeiter einstellen? Sicher nicht. Wenn ein Azubi in der Lehrzeit nicht alles das lernt, was man von einem fertigen Gesellen erwartet, stimmt doch etwas nicht, oder? Wo lernt er es dann?

Ich bin der Meinung, eine qualitative Ausbildung braucht ein gutes Konzept. Nur damit kannst du als Lehrherr eine gute Ausbildung garantieren. Sie muss deinen eigenen Erwartungen entsprechen. Ich möchte dich ermutigen, dir mit einem, für Ausbildung zuständigen, Mitarbeiter ein solches zu überlegen und das für deine Auszubildenden umzusetzen. Was denkst du, wie sieht eine attraktive Ausbildung aus Sicht der jungen Leute aus? Erwarten sie nicht soviel zu lernen, dass sie später überall einen Job bekommen? Eine Ausbildung, die dich zu einem attraktiven Arbeitgeber und verantwortungsvollen Ausbilder macht, will geplant und professionell umgesetzt sein. Das spricht sich dann unter den jungen Menschen rum. Der wichtigste Punkt ist sicherlich, dass ein Auszubildender respektvoll behandelt wird und durch die gesamte Ausbildung aktiv begleitet wird. Es lohnt sich, sich darüber Gedanken zu machen, wie du die Ausbildung in deinem Unternehmen gestalten möchtest. Betrachte das als Investition in deine Auszubildenden, die deine zukünftigen Mitarbeiter werden könnten.

So machen wir es bei uns in der Tischlerei und haben gute Erfahrungen damit gemacht: In den ersten zwei Jahren bekommt ein Azubi das handwerkliche Rüstzeug, das er in seinem Beruf braucht. Im besten Fall ist er dann so weit, dass er Gesellentätigkeiten ausüben kann. Das zahlt sich aus, denn wenn wir ihm im dritten Jahr schon Aufgaben übergeben können, die wir eigentlich mit Gesellen abdecken, bekommen wir etwas von dem zurück, was wir als Lehrbetrieb in den Azubi investiert haben. Voraussetzung ist allerdings, dass er in den ersten zwei Jahren eine 100-Prozent-Qualitätsausbildung bekommen hat.

Für mich hat das auch mit Respekt und Wertschätzung zu tun. Die Auszubildenden dürfen Verantwortung übernehmen und allein zum Kunden gehen. Sie erzählen stolz in ihrem Freundeskreis, dass sie mit verantwortungsvollen Aufgaben betraut wurden und schon größere Projekte stemmen dürfen. Sei sicher, sie stecken andere junge Menschen, die vielleicht nach einer Lehrstelle suchen, mit ihrer Begeisterung für das Handwerk an. Durch diese Mundpropaganda erhält nicht nur dein Unternehmen ein besseres Image, sondern das wertet die gesamte Handwerksbranche auf. In einer guten Lehre lernen junge Leute praktisch mit anzupacken und sich selbst zu verwirklich. Solche Aussichten finden viele Schulabgänger attraktiv, denn es gibt genügend junge Menschen, die nicht den ganzen Tag in Büros sitzen und mit dem Kopf arbeiten, sondern lieber handwerkliche Tätigkeiten machen wollen. Als Maler, Fliesenleger, Tischler, um nur einige Berufe zu nennen, hat man jeden Tag unglaubliche Erfolgserlebnisse, weil man gefordert wird und aus Rohmaterialien mit seinen Händen etwas Neues herstellt.

Dein Betrieb wird zum Anziehungspunkt für andere junge Leute. Du wirst bekannt als Betrieb, in dem man viel lernen kann, mit anpacken darf und sich selbst verwirklichen kann. Ganz zu schweigen von der Verantwortung, die zu tragen junge Menschen echt stolz macht. Alle diese Dinge finden junge Menschen klasse.

// Die wichtigsten Aspekte zusammengefasst

/ **1. Investiere als Handwerksunternehmer die ersten zwei Jahre intensiv in deine Auszubildenden.**

Dann kannst du im dritten Jahr die Früchte dieser Investition ernten.

/ **2. Für unsere Branche und auf lange Sicht auch für dein Unternehmen ist es existentiell wichtig, dass du einen Ausbildungsplan entwickelst und festlegst, welche Inhalte ein Lehrling in deinem Unternehmen im ersten und im zweiten Jahr erlernen und was er am Ende können soll.**

Konkret brichst du den Lernplan dann auf kürzere Zeitintervalle herunter, zum Beispiel auf 6 Wochen-Rhythmen.

/ 3. Anschließend legst du für diesen Zeitraum die Verantwortlichkeiten fest.

Du verteilst klare Aufgaben und Zuständigkeiten: Wer ist für die Einweisung an einer bestimmten Maschine verantwortlich? Wer übernimmt die Qualifizierung des Auszubildenden in den einzelnen Bereichen, und zwar in einem bestimmten Zeitfenster?

/ 4. Dann nimmst du dir oder der ausbildende Geselle sich die Zeit, dieses Konzept umzusetzen.

Das ist der entscheidende Faktor, denn oft setzt man aufgrund von Auftragsdruck und von digitaler Zeiterfassung getrieben, falsche Schwerpunkte. Schnell wird es versäumt, sich Zeitfenster freizuhalten, in denen Vorarbeiter, Facharbeiter, Gesellen oder Meister sich intensiv um die Lehrlinge kümmern. Es ist sinnvoll, in den täglichen, oft engen, Zeitplänen der Auftragsbearbeitung zusätzlich zu den kalkulierten Stunden Zeitpuffer zu schaffen, damit die betreffenden Personen Zeit haben, sich um den Lehrling zu kümmern. Diese Zeit bekommst du zwar nicht bezahlt, es ist zunächst unproduktive Arbeitszeit. Das Investment zahlt sich nicht sofort, sondern eher langfristig aus – und zwar doppelt und dreifach.

/ 5. Sei dir der Verantwortung bewusst, die du als Ausbilder übernimmst.

Wenn du junge Menschen in deinen Betrieb holst, übernimmst du Verantwortung für sie und ihre Zukunft.

Denke daran: Die besten Mitarbeitenden sind die, die du selbst ausgebildet hast.

Du wirst sehen, deine Nachwuchs-Sorgen lösen sich in Luft auf, wenn du diese Voraussetzungen schaffst. Junge Menschen fühlen sich von erfolgreichen, angesehenen Unternehmen angezogen. Sie brauchen einen Sinn in ihrer Arbeit und den kannst du ihnen bieten. Damit schafft du in ihnen das Selbstbewusstsein eines starken Handwerkers. Nicht nur Nachwuchskräfte und Auszubildende sind mit einem attraktiven Betrieb zu finden, auch kompetente Mitarbeiter schätzen die Arbeitgeber-Attraktivität. Die wirst du auch brauchen, wenn mehr Aufträge reinkommen. Dir ebnen sie den Weg, etwas weniger zu arbeiten und in Zukunft pünktlich Feierabend machen zu können, anstatt noch Rechnungen zu schreiben oder Buchhaltung zu machen.

// Qualitätsmerkmal Ausbildung: Wie man sich durch eine fundierte Ausbildung seine Fachkräfte von morgen aufbaut.

Wie sich diese Investition auswirkt, habe ich selbst erlebt. Als ich die Tischlerei von meinem Vater übernahm, habe ich ihn gefragt, welche unserer Lehrlinge übernommen werden. Mein Vater reagierte entrüstet, keiner, weil die Azubis ja nichts können. Ich habe mir daraufhin die Frage gestellt, ob das die Schuld der Auszubildenden oder unser eigenes Versagen ist. Wenn ein Geselle, der drei Jahre bei uns gelernt hat, nichts kann und nicht einsetzbar ist, taugt unsere Ausbildung nichts.

Ich habe mich damals mit meinem Vater zusammengesetzt und wir besprachen, wie wir das verändern. In meinem Verständnis durfte es nicht sein, dass wir Azubis drei Jahre lang ausbilden und sie solche Defizite haben, dass wir unseren eigenen Lehrling nicht übernehmen wollen, weil er immer noch auf Lehrlingsniveau ist und als Geselle überbezahlt wäre. Es durfte nicht sein, dass jemand aus unserem Betrieb kommt und anschließend fast keine Chance hat, in diesem Beruf Fuß zu fassen. Daran haben wir massiv gearbeitet und unsere eigenen Ausbildungspläne so umgestaltet, dass wir heute ein Vorzeigebetrieb sind, nicht nur was Ausbildung betrifft.

Natürlich trägt auch ein Lehrling einen Teil der Verantwortung für den Erfolg seiner Ausbildung und selbstverständlich gibt es individuelle Unterschiede. Der eine ist stärker engagiert, bringt sich ins Unternehmen ein und fordert die Ausbilder, der andere nicht. Der will gefordert und gefördert werden. Genau um diese muss man sich etwas mehr kümmern, um sie aus der Reserve zu locken. Seitdem wir das erkannt haben, war es uns wichtig, Kapazitäten für Ausbildung freizuhalten und ein Konzept zu entwickeln, das spätestens dann Früchte tragen wird, wenn wir Mitarbeiter beschäftigen, die wir selbst ausgebildet haben. Von dem Moment an, konnten wir aufwendige Stellenbeschreibungen, Mitarbeitersuche und lange Einarbeitungszeiten neuer Kräfte vergessen.

9

Junge Talente gewinnen: Arbeitgeberattraktivität aufbauen und sich als Ausbildungsbetrieb einen Namen machen

Die Qualität unserer Lehrlingsausbildung sprach sich schnell herum. Stolze Auszubildende machten für unsere Ausbildung unter ihren Freunden Werbung. Der Mangel an Azubi-Bewerbungen war vorbei. Bis heute.

Für die meisten unserer Azubis ist es etwas Besonderes, dass sie schon im dritten Lehrjahr allein zur Montage fahren, ein ganzes Möbelstück bauen oder auf der Baustelle selbstständig ausmessen dürfen. Das beflügelt junge Menschen und spricht sich herum. Wir wurden schlagartig zu einem Top-Ausbildungsbetrieb. Dagegen wird ein Auszubildender, der nur als Hilfskraft eingesetzt wird, mit der Zeit immer unmotivierter arbeiten und sich bei seinen Freunden eher beschweren, anstatt Werbung zu machen. Im schlimmsten Fall wird er seine Ausbildung abbrechen oder in eine andere Branche wechseln. Früher gab es in

„Dank unseres eigenen, innovativen Ausbildungskonzeptes fördern wir die jungen Menschen auf einem hohen Level.“

unserer Tischlerei einen Azubi pro Jahr, inzwischen haben wir jährlich zwei und bekommen so viele Bewerbungen, dass wir sie uns aussuchen können. Dank unserer überarbeiteten, qualifizierten Ausbildung fördern wir die jungen Menschen auf einem hohen Level.

Wir geben ihnen früh Verantwortung, was sie weiter anspornt, eigenständige Aufgaben zu übernehmen. Das führt dazu, dass ihr Selbstbewusstsein wächst und sie abends zufrieden nach Hause gehen. Die meisten unserer Lehrlinge schließen ihre Prüfungen mit Bestnoten ab.

Die Qualität der Ausbildung ist jedoch nur einer von drei Aspekten, die wichtig sind, um Jugendliche für eine Ausbildung im Handwerk zu gewinnen. Der zweite entscheidende Faktor ist die Präsenz auf Veranstaltungen wie Berufswahlmessen. Mit meinem Unternehmen bin ich regelmäßig bei solchen Events. Wir präsentieren uns dort als innovatives Handwerksunternehmen. Dafür setzen wir unsere Lehrlinge in Szene, beispielweise indem wir in ein professionelles Fotoshooting investieren. Das beeindruckt. Außerdem investieren wir in einen Messestand, der jungen Menschen sofort ins Auge fällt, weil er sich von der Konkurrenz abhebt. Auf einer Berufswahlmesse präsentieren sich auch Industrie- und große Handelsunternehmen, Banken, ITDienstleister und viele andere. Diese Unternehmen zahlen sehr viel Geld für ihre Messepräsenz und sind werbetechnisch gut aufgestellt. Anders als Handwerksbetriebe. Da habe ich den Anspruch, dass wir mithalten und uns positiv abheben. Deshalb stehe nicht ich als Chef am Stand, sondern unsere Auszubildenden sind die Macher und Repräsentanten unseres Betriebes. Sie betreuen den Messestand und sprechen dort aktiv junge Menschen an. Zusätzlich zur Präsenz auf Berufswahlmessen werben wir aktiv in unserer Region, besuchen Schulen und stellen den Handwerksberuf des Tischlers vor.

// Sichtbarkeit als Ausbildungsbetrieb auf allen digitalen Kanälen aufbauen

Der dritte wichtige Faktor ist unsere Social-Media-Arbeit. Damit fühlen sich junge Menschen angesprochen. Social Media ist ihr digitales Kommunikationsmedium. Warum das nicht gezielt einsetzen und für die Sichtbarkeit des Betriebes nutzen?

Mit laufender Präsenz, mit täglichen Stories, Reels oder Beiträgen auf Instagram und Facebook stellen wir sicher, dass die Tischlerei als Arbeitgeber für junge Menschen jederzeit sichtbar ist. Wir holen sie dort ab, wo sie stehen. Das war in unserem Betrieb ein Umlernen, denn die „alten Hasen" haben mit Social Media nicht viel am Hut. Doch die Zeiten haben sich geändert und wer die Jugend anziehen will, ist gezwungen ihre Sprache zu sprechen und ihre Kanäle zu frequentieren.

Die Erfahrung zeigt, dass man als Arbeitgeber und Ausbildungsbetrieb für die junge Zielgruppe schlichtweg nicht existent ist, wenn man die sozialen Medien ignoriert. Wer als Handwerksbetrieb nicht auf Instagram, TikTok, Facebook & Co. präsent ist, wird nicht wahrgenommen. Youtube-Videos sind klasse, um eine moderne Ausbildung, coole Projekte und den Arbeitsalltag in einem Betrieb vorzustellen. Dazu brauchst du dich als Chef nicht selbst vor die Kamera zu stellen. Die jungen Mitarbeitenden machen das gerne und wenn sie zufrieden sind mit ihrem Ausbildungsplatz spiegelt sich das in ihren Beiträgen automatisch wider. Gib ihnen ein kleines Budget für die Video-Produktion. Viele sind technisch schon bestens ausgestattet und beherrschen die Bildbearbeitungs- und Videoschnittprogramme, so wie du deine Säge, die Bohrmaschine oder den Hammer.

Es lohnt sich, hier umzudenken und die Sichtbarkeit des Handwerks in den sozialen Medien zu erhöhen. Um Auszubildende zu finden, darfst du ein bis zwei Jahre vor Ausbildungsbeginn anfangen zu posten. Imagebildung geschieht nicht über Nacht. Es braucht viel mehr. Die Anzahl an notwendigen Sichtbarkeits-

Momenten und Kontaktpunkte zum Unternehmen darf nicht unterschätzt werden. Ein langfristiger Prozess, der erst mit der Zeit satt Früchte tragen wird. Er findet genau genommen an 365 Tagen im Jahr, 24 Stunden pro Tag statt und darf auf keinen Fall erst beginnen, wenn du feststellst, dass die Ausbildungsstelle für das kommende Jahr noch nicht besetzt werden konnte.

// Wertschätzende Kommunikation: Warum sie für Azubis von heute so wichtig ist.

Während es früher hieß: „Lehrjahre sind keine Herrenjahre“, spielen heute eine wertschätzende Kommunikation und ein respektvoller Umgang mit den Auszubildenden eine oft unterschätzte Rolle. Die jungen Menschen sind selbstbewusster geworden und lassen sich wenig bieten. Natürlich passieren einem Lehrling auch Fehler. Vielleicht bringt er auch eine ungenügende innere Einstellung mit. Wie gehst du als Ausbilder damit um? Bist du in der Lage, mit deinem Lehrling ein konstruktives Gespräch darüber zu führen, indem du ihm die Grundsätze deines Unternehmens darlegst, statt ihn einfach runterzuputzen? Grenzen aufzeigen, ja, jedoch auf einer Ebene, die das Gefühl vermittelt, er oder sie ist ein wichtiger Teil des Ganzen.

Ein Malerbetrieb, mit dem ich eng zusammenarbeite, überträgt seinen Auszubildenden komplette Projekte. Der Inhaber nutzt diese Art der Übertragung von Verantwortung auch dazu, seinen Kunden in Preiskampfsituationen günstigere Preise anbieten zu können. Wenn also einem Kunden die veranschlagten Kosten zu hoch sind, bietet er an, den Auftrag von einem Lehrling ausführen zu lassen. Der Lehrling ist dann federführend und übernimmt selbst die Verantwortung dafür. Natürlich dauern die Arbeiten etwas länger und vielleicht ist das Ergebnis nicht ganz so perfekt und manchmal muss auch etwas nachgearbeitet werden. Aber dafür zahlt der Kunde spürbar weniger. Ein gutes Arrangement. Für den Kunden wie für die Lehrlinge. Er schickt sie allein hin und sie machen alles selbst. Selbstverständlich bekommen sie zu Beginn eine Einweisung und der Chef oder ein Geselle schaut regelmäßig vorbei. Doch als Azubi die volle Verantwortung für so ein Projekt tragen zu dürfen, macht sie ehrgeizig und stärkt ihr Selbstbewusstsein.

// Auf sich aufmerksam machen, um junge Menschen für den eigenen Betrieb zu gewinnen.

Junge Mitarbeiter und Auszubildende anzuziehen und sie fürs Handwerk zu begeistern ist eine der grössten Herausforderungen der Branche. Es gibt ein Unternehmen, das es im Jahr 2022 mit einer besonderen Aktion aussergewöhnlich gut gemacht hat: Firma Gemeinhardt Service GMBH, ein Gerüstbauer aus Rosswein in der Nähe von Dresden. Wir sind uns bestimmt darüber einig, dass Gerüstbau bei jungen Menschen mit Sicherheit im Ranking der Ausbildungsberufe im Handwerk nicht ganz oben steht. Viele wissen nicht einmal, dass Gerüstbauer ein Ausbildungsberuf ist. Doch wie alle Handwerksbetriebe brauchen auch diese Unternehmen Nachwuchs und stehen vor der Aufgabe, Arbeitgeber-Attraktivität aufzubauen und Azubis und Mitarbeiter zu gewinnen.

Was hat Gemeinhardt gemacht? In einer groß angelegten Werbekampagne versprach Dirk Eckart, Geschäftsführer des Gerüstbau-Unternehmens, dass jeder Jugendliche, der einen Ausbildungsvertrag mit ihnen abschließt, mit einem Fallschirmsprung aus 4.000 Metern Höhe belohnt wird. Er sprach mit ausgesuchten Pizzerien der Stadt und ließ seine Botschaft auf allen Pizzakartons drucken. Ihm war klar, dass er mit dieser Aktion seine interessante Zielgruppe, die 15- bis 16-jährigen erreicht. Dieses kreative und außergewöhnliche Manöver ging auf und das Unternehmen, das in Deutschland mehrere Standorte hat,

„Junge Mitarbeiter und Auszubildende anzuziehen und sie fürs Handwerk zu begeistern ist eine der größten Herausforderungen für die Branche."

bekam hohe Sichtbarkeit und viele Bewerbungen. Begleitend dazu machte Dirk Eckart Social Media-Arbeit und generierte darüber weitere Aufmerksamkeit. Er und sein Team hatten ein wirkungsvolles Rezept gegen ihren Mangel an Nachwuchs gefunden und konnten alle sechs Ausbildungsstellen besetzen: fünf im Handwerk, eine im kaufmännischen Bereich.

Ein weiteres Beispiel ist das Dachdeckerunternehmen Ritscher, das wir mit unserem Training begleiten durften. Sie setzten eine ganz besondere Idee ein, um neue Mitarbeiter zu finden: Dem Geschäftsführer Andre Martens war aufgefallen, dass sich Handwerker aus der Region an der Tankstelle, die nur einen halben Kilometer von seinem Betrieb entfernt ist, mit den Dingen des täglichen Bedarfs eindeckten, also mit Bildzeitung, Zigaretten und Backwaren. Er entwickelte eine Tüte mit der Aufschrift: *„Hey, du bist Dachdecker und willst dich verändern? Du willst hoch hinaus? Dann bewirb dich bei uns."*

Er beauftragte den Pächter der Tankstellen-Bäckerei, jedem Mann, der halbwegs nach Dachdecker aussieht, diese Tüte mit einem leckeren Schinken-Käse-Croissant gefüllt und der Botschaft in die Hand zu drücken: „Herzliche Grüße von der Firma Ritscher von nebenan." Die Guerilla-Marketing-Aktion rief nicht nur bei jedem ein Schmunzeln hervor, sondern wurde zum Riesenerfolg.

// Mitarbeitergewinnung ist kein Sprint, sondern ein Marathon.

Dieser Grundsatz gilt nicht nur für Azubis, sondern auch bei der Mitarbeitergewinnung. Die Suche kompetenter Mitarbeiter ist schwierig geworden. Sie zu finden, geht nicht von heute auf morgen, sondern ist ein steter Prozess. Unternehmer sind sich heute mehr denn je bewusst, dass gute Mitarbeiter einen wesentlichen Beitrag zum Unternehmenserfolg leisten.

Eingesetzt an den richtigen Stellen kann sich ein Unternehmen erfolgreich weiterentwickeln. Kompetente und zuverlässige Mitarbeiter sind die Visitenkarte eines Unternehmens und zentraler Faktor der Unternehmenskommunikation. Nach außen wie nach innen.

Bist du dir bewusst, dass jeder deiner Angestellten mehr Kundenkontakte hat als du, der Unternehmer? Wenn ich von uns ausgehe, habe ich durchschnittlich zehn Stunden mit dem Kunden zu tun. Das ist die Zeitspanne zwischen Erstkontakt bis Auftragserteilung. Alles Weitere übernehmen danach meine Leute. Sie sind beim Kunden vor Ort, täglich acht Stunden, über Tage oder gar Wochen. Wenn da die Kommunikation nicht der Unternehmensphilosophie entspricht, macht das keinen guten Eindruck. Auch die interne Unternehmenskommunikation unter den Mitarbeitern ist nicht zu unterschätzen: Zufriedene Menschen motivieren einander, unzufriedene schüren schlechte Stimmung und das beeinflusst die Qualität der Arbeitsleistung. Ein gutes Betriebsklima darf nicht unterschätzt werden.

// Worauf es bei Mitarbeitergewinnung im Handwerk sonst noch ankommt.

In kleinen und mittelständischen Handwerksbetrieben braucht es dringend einen Perspektivwechsel: Mitarbeiter fliegen uns schon lange nicht mehr zu. Wir Handwerksunternehmer müssen uns als Arbeitgeber bei Fachkräften und Nachwuchs bewerben und nicht umgekehrt. Dieser Ansatz setzt ein völlig anderes Mindset, also eine andere Einstellung voraus. Wichtig zu wissen, dass es eine völlig unterschiedliche Orientierung sowohl bei Mitarbeitern als auch Unternehmern gibt.

Mitarbeiter handeln und denken sicherheitsorientiert in ihrer Wahl des Jobs und vor allem des Arbeitgebers. Unternehmer müssen auch Risiken eingehen, um ihr Unternehmen wachsen zu lassen. Wären sie dazu nicht bereit, wären sie besser nicht Unternehmer geworden, sondern Mitarbeiter geblieben. Ihre Leute wünschen sich einen sicheren Arbeitsplatz, ein gutes Einkommen und kalkulierbare Arbeitszeiten. Der allgemeine Fachkräftemangel versetzt heute gut ausgebildete Kräfte in die luxuriöse Position, dass sie sich ihren Arbeitgeber aussuchen können. Sie werden überall mit Kusshand genommen. Gute Leute laufen nicht mehr arbeitslos herum, sondern sind in einem sicheren Arbeitsverhältnis eingebunden. Willst du so jemanden für dein Unternehmen gewinnen, brauchst du starke, begeisternde Argumente, vor allem, wenn du sie abwerben und an dich binden willst.

Notizen /

// Challenge:
Warum sollten gute Leute zu dir in den Betrieb kommen?

Nimm dir einen Moment Zeit, um die folgenden Fragen zu beantworten. Es geht um Mitarbeitergewinnung. Reflektiere dabei deine Gedanken und notiere alle Aspekte, die dir in den Sinn kommen.

Hast du genügend Mitarbeiter in deinem Betrieb?
Wenn nein, mit welchen Argumenten versuchst du welche zu gewinnen?

Welche Anreize setzt du?
Nenne fünf Dinge, die du ihnen bietest.

Was könnten in deinem Betrieb weitere Mitarbeitermagnete sein?
Versetze dich in die Situation eines Bewerbers: Warum sollte jemand seinen Job aufgeben, um zu dir zu wechseln? Nenne 3 Argumente.

Hast du schon einmal an außergewöhnliche Aktivitäten zur Mitarbeitergewinnung gedacht?
Wie könnte eine davon aussehen?

Notizen /

10

Mit Argumenten punkten: Wie du durch gezielte Maßnahmen gute Mitarbeiter anziehen kannst.

Versetze dich in die Lage einer guten Fachkraft: Sie hat einen sicheren Arbeitsplatz, ein Umfeld, vielleicht ein gutes Team von Kollegen. Was könnte diese Person bewegen, das für dich aufzugeben, um den Job zu wechseln?

Das ist die elementarste Frage, die du dir stellen darfst, bevor du in teure Werbekampagnen investierst. Was ist in deinem Unternehmen anders als bei anderen? Was ist besser, attraktiver, erfüllender? Was konkret bietest du mehr? Wenn du jetzt nur an finanzielle Aspekte denkst, also ein höheres Einkommen, Weihnachtsgeld, Urlaubsgeld oder die bessere Bezahlung der Anfahrt zur Baustelle, ist das zu wenig. Denke größer, offener und versetze dich selbst in den anderen. Was würde dich an seiner Stelle reizen?
Wäre es nicht sinnvoll, sich zunächst selbst im Klaren darüber zu werden, was deinen Betrieb einzigartig macht? Warum dei-

ne jetzigen Mitarbeiter gerne bei dir arbeiten und Zufriedenheit und Sicherheit spüren? Genau diese Fragen kläre ich mit meinen Kunden, wenn ich mit ihnen und ihrem Betrieb in die Analyse gehe. Das Besondere an einem Unternehmen herauszufinden, ist wie wertvolle Trüffel zu suchen. Sei sicher, wir finden zusammen starke Argumente, die auf potenzielle Mitarbeiter einen magnetischen Sog ausüben werden.

Im Übrigen glauben viele Unternehmer, dass sie mit immer größeren finanziellen Anreizen neue Mitarbeiter für sich gewinnen können. Wechselprämien oder ein Cabrio als Firmenfahrzeug sind nur einige Beispiele, die ich in letzter Zeit in Stellenanzeigen gesehen habe. Mit Geld und materiellen Dingen wirst du allerdings NIEMANDEN auf lange Sicht halten können. Ich möchte damit nicht sagen, dass Geld unwichtig ist, aber es wirkt immer nur kurzfristig. Und: Wer wegen Geld kommt, wird auch wegen Geld wieder gehen.
Anstelle von finanziellen Anreizen fährst du mit einer charismatischen Ansprache und einer glasklaren Positionierung deines Unternehmens, mit der Kommunikation deiner Werte deutlich besser. Diese Erkenntnis ziehe ich nicht nur aus meinen eigenen Erfahrungen, sondern sie sind mittlerweile durch zahlreiche Studien belegt.

// Gute Argumente ziehen potenzielle Mitarbeiter an wie Honig die Bienen.

Ein Unternehmer aus unserem Geschäftsführer- und Unternehmertraining hatte, bevor er zu uns kam acht Monate lang vergeblich versucht, einen Kundendienstmonteur zu finden. Im gemeinsamen Brainstorming fanden wir heraus, dass die sogenannte 4-Tage Woche sowohl für seine Kunden als auch für seine Mitarbeiter einen Mehrwert bieten würde. Die wöchentliche Regelarbeitszeit lag bei 40 Stunden, klassisch verteilt auf 5 Tage. Fangen wir bei den Kunden an, denn der Kun-

„Viele Unternehmer sind sich selbst nicht darüber im Klaren, was ihren Betrieb einzigartig macht."

denblickwinkel ist langfristig gesehen immer die wichtigste Perspektive. Heutzutage sind, bis auf wenige Ausnahmen, beide Lebenspartner berufstätig. Niemand möchte sich aber einen Tag Urlaub nehmen, wenn ein Handwerker benötigt wird. Also wäre es doch ein Kunden- und Wettbewerbsvorteil, wenn Termine im Kundendienst auch abseits der klassischen Handwerkerzeiten gebucht werden können. Im Übrigen muss dieser besondere Service nicht unentgeltlich sein. Vielmehr sind die Kunden heutzutage bereit, für besondere Leistungen auch mehr Geld zu zahlen.

Zurück zur Mitarbeiterperspektive. Auch für Mitarbeiter ist es reizvoll, die wöchentliche Arbeitszeit nicht auf 5, sondern auf 4 Tage zu verteilen, um mehr Zeit für die Familie und für private Angelegenheiten zu haben.
Was für ein Luxus, einen kompletten Tag mehr Freizeit zu haben. Ein nicht unbezahlbarer Gewinn an Lebensqualität. Als wir darüber sprachen, war klar, dass er damit ein starkes Argument und Alleinstellungsmerkmal neuen Mitarbeitern gegenüber hatte. Wie ein Jocker, den er ausspielen konnte. Nachdem wir ihn entdeckt und in eine Strategie zur Mitarbeitergewinnung eingebaut hatten, fand er nur zweieinhalb Wochen später einen neuen Kundendienstmonteur.

Aber Vorsicht: Nicht für jedes Unternehmen ist die 4-Tage Woche ein Gewinn. Es gibt beispielsweise Branchen, in denen die Produktivität aufgrund der körperlichen Arbeit bei einem 10-Stunden Tag deutlich leiden würde. Bei vielen größeren Tischlereien mit einem Produktionsbetrieb darf auch eine 4-Tage Woche nicht zu einer geringeren Laufzeit und Auslastung der Maschinen führen. Und zu guter Letzt gibt es auch Gewerke, bei denen die Kunden es nicht nachvollziehen könnten, wenn freitags niemand mehr da ist.
Und noch ein Statement zur 4-Tage Woche. Überlege genau, ob du damit die richtigen Mitarbeiter für dein Unternehmen anziehst. Wenn du Menschen damit erreichst, die in 4 Tagen Vollgas geben wollen, um dann ein verdientes langes Wochenende

zu haben, ist alles in Ordnung. Wenn du Menschen anziehst, die überwiegend freizeit- und nicht leistungsorientiert denken und handeln, dann ist Vorsicht geboten. Doch wie findest du das im Vorfeld heraus? Ganz einfach, nutze Persönlichkeitsprofile in deinem Bewerbungsprozess und du wirst erkennen, wen du wirklich vor dir hast. Außerdem vermeidest du es, Mitarbeiter einzustellen, die dann während der Probezeit schon wieder gehen müssen. Das kostet nur unnötig Geld und bringt niemandem etwas.

Du siehst, die Frage, warum jemand zu dir kommen sollte, ist ein wesentlicher Faktor der Mitarbeitergewinnung. Grund ist, dass sich viele Unternehmer selbst nicht darüber im Klaren sind, was ihren Betrieb so einzigartig macht. Jeder konzentriert sich eher auf seine Aufgabe, Dienstleistungen und darauf Produkte zu vermarkten. Das ist völlig normal, denn schauen wir nicht immer zuerst durch unsere eigene Brille? Betriebsblindheit nennt man das. Was fehlt, ist der neutrale Blick von außen. Da kommen wir mit unserem Geschäftsführer- und Unternehmertraining ins Spiel. Wenn dich das interessiert, lass uns gemeinsamen darüber nachdenken, wie du es schaffst, die leidige Mitarbeitersuche zu vereinfachen.

// Mitarbeitergewinnung im digitalen Zeitalter: Warum Social Media eine wichtige Rolle spielt.

Was für den Nachwuchs gilt, hat auch bei der Mitarbeitergewinnung seinen Stellenwert: regelmäßige Social Media-Präsenz. Das wird von klassischen Handwerksbetrieben viel zu wenig genutzt. Facebook, Instagram, Tiktok & Co sind nicht nur bei ganz jungen Menschen der Informationskanal Nummer eins, auch die Jahrgänge jenseits der zwanzig investieren viel Zeit, dort zu surfen und sich zu informieren.

Über Social Media lassen sich Emotionen viel besser transportieren als über klassische Stellenanzeigen. Bilder sprechen für sich, Videos mit emotionalen Aussagen ebenso. Man spricht von „Social Recruitment", wenn die Personalbeschaffung über soziale Netzwerke erfolgt. Dazu braucht es neben einem sehr gut gepflegten und aktuellen Social Media Auftritt am Anfang auch Werbeanzeigen verbunden mit einer informativen Website oder Landingpage, auf der sich Interessenten über Job und Unternehmen informieren können. Diese Kampagnen solltest du professionell aufsetzen und regelmäßig pflegen.

Ein starkes Element der Social-Recruitment-Strategie sind positive Statements von Mitarbeitern. Von authentischen Aussagen fühlen sich Interessenten noch einmal anders angesprochen als von einem Unternehmervideo. Wir haben gute Erfahrungen damit gemacht, die jungen Leute unseres Betriebes in die Gestaltung und Pflege der Social-Media-Kanäle aktiv und verantwortungsvoll einzubinden. Zur Azubi- und Mitarbeitergewinnung gleichermaßen.

Warum fragst du nicht auch die jungen Mitarbeiter in deinem Betrieb, diese Aufgabe zu übernehmen und täglich zu teilen, was bei euch los ist und was ihnen im Unternehmen besonders gut gefällt? Mache eine kleine persönliche Umfrage. Wenn du ein paar positive Punkte bekommst, bitte sie, die in einem kurzen, persönlichen Video festzuhalten. Positive Mitarbeiterreferenzen sind mit das größte Kapital eines Unternehmens, nicht nur auf der Ebene der Kundengewinnung, sondern ebenso bei der Mitarbeiterakquise. Das gilt für Social Media wie auf deiner Website. Allerdings werden sie in diesem Bereich bis heute noch wenig genutzt, sodass ein unschätzbar großes Potenzial auf der Strecke bleibt. Referenzen deiner Mitarbeiter zeigen ihre Zufriedenheit und Gefühle. Wertvolle Aussagen, die vor allem dann zugkräftig sind, wenn du keinen Mitarbeitermagneten hast.

Halten wir an dieser Stelle nochmal fest: Die Mitarbeiter, die du für dein Unternehmen gewinnen möchtest, sind nicht arbeitssuchend, sondern meist in einem sicheren Angestelltenverhältnis. Das bedeutet, du brauchst starke Gründe, sie abzuwerben. Das ist nicht verwerflich, sondern Realität geworden. Verwerflich ist allerdings, fragwürdige Methoden anzuwenden. Als verzweifelter Bauunternehmer andere Baustellen abzufahren und dort tätige Arbeitskräfte aktiv ansprechen, kann als Bumerang auf dich zurückkommen und wird dir in der Szene einen schlechten Ruf bescheren. Das wäre stillos und nicht die feine Art. Grundsätzlich wirst du aber Fachkräfte bei Konkurrenten abwerben müssen, doch eher dadurch, dass du dich als attraktiver Arbeitgeber entsprechend präsentierst. Ähnlich wie in der Kundengewinnung. Buhlen nicht auch mehrere Unternehmen um einen Kunden? Wenn du den Auftrag nicht bekommst, hat ihn dein Mitstreiter bekommen. Warum? Was macht er besser als du? Der Preis – so hast du vorab schon erfahren – ist es nicht, wenn du ein Image hast, dass deine Einzigartigkeit hervorhebt. Genauso ist es mit den Mitarbeitern. Kommt ein Handwerker nicht zu dir, landet er bei beim Wettbewerber. Mitarbeiter zu gewinnen, heißt daher vor allem, Menschen zu gewinnen. Das funktioniert nur über Emotionen. Deswegen darf deine Ansprache emotionaler sein und auf die Bedürfnisse potenzieller Mitarbeiter eingehen. Dazu gehören Sicherheit, Sinnhaftigkeit in der Arbeit, Zufriedenheit und Freude am Tun. Diese Emotionen sind wichtig, daher ist eine persönliche, emotionale Ansprache unverzichtbar.

// Personalsuche im Wandel: Warum klassische Stellenanzeigen auf Jobportalen im Handwerk nicht mehr zeitgemäß sind.

Es gibt unzählige Internetseiten für Jobangebote, auf denen der Unternehmer, der die Stelle ausschreibt, gar nicht zu sehen ist. Die Rekrutierung über solche Portale funktioniert nur bedingt, weil Menschen wissen wollen, mit wem sie es zu tun haben.

Ein potenzieller Mitarbeiter will sehen, bei wem er arbeiten wird, wie der Unternehmer aussieht, wie er spricht und wofür das Unternehmen steht.

Du solltest deshalb in Recruiting-Videos unbedingt persönlich zu den potenziellen Kandidaten sprechen. Wie bereits beschrieben sind Statements deiner Mitarbeiter ein zusätzlicher Booster von unschätzbarem Wert.

Oft werde ich gefragt, ob es sinnvoll ist, eine Personalagentur einzuschalten. Nach meiner Erfahrung ist eine Agentur jedoch zu anonym, sie agiert nur in deinem Auftrag und schaltet Stellenanzeigen, die meist allgemein gehalten sind und Standardformulierungen enthält. Außerdem trittst du im Regelfall weder als Unternehmer noch als Unternehmen in Erscheinung. Das ist Schwachsinn. Einer außenstehenden Agentur fällt es zudem schwer, eine passgenaue Ansprache zu entwickeln, die die Benefits deines Unternehmens so darstellen, dass echte Emotionen von dir rüberkommen und echte Emotionen beim Leser oder Betrachter geweckt werden. Nach meiner Erfahrung ist das in unserer Branche meist wenig erfolgreich, weil es zu anonym ist. Wie soll eine Agentur die Emotionen und persönlichen Gedanken aus deinem Betrieb authentisch rüberbringen? Personalagenturen schalten klassische Stellenanzeigen, relativ allgemein formuliert, indirekte Ansprache, faktische Aufzählung. Das funktioniert im Handwerk schon lange nicht mehr. Die Kosten für die Agentur wären rausgeworfenes Geld.

// Erfolgsfaktor Unternehmensauftritt: Wie man mit Ideen und authentischem Auftritt Mitarbeiter gewinnt.

Andreas, Inhaber eines erfolgreichen Dachdecker-Betriebs, fragte mich um Rat, weil es ihm nicht gelang, neue Mitarbeiter zu gewinnen. Ich schaute mir daraufhin seine Website an: Auf der Startseite sah ich ein Bild von einer jungen Familie, die in ihrem Wohnzimmer ein Modell von einem Dachstuhl hochhält.

Es war unverkennbar ein gekauftes Stockfoto. Darunter ein Button „Jetzt Mitarbeiter bei uns werden". Mehr als diese beiden Elemente gab es auf der Startseite nicht zu sehen. Keinerlei Verbindung zu Andreas' Handwerksbetrieb. Keine Fotos von ihm oder von Mitarbeitern seines Teams. Keine Referenzen zufriedener Kunden. Nur diesen Karriere-Button, den man anklicken konnte.

Wer diese erste Hürde nahm, fand auf der zweiten Seite ein Video, das Andreas für viel Geld hatte produzieren lassen. Darin sah man Handwerker auf Baustellen arbeiten. Leise Hintergrundmusik, jedoch kein Text, der inhaltlich eine Verbindung zum Betrieb herstellte. Keine persönliche Ansprache des Unternehmers Andreas, keine Statements der Mitarbeiter an einen potenziellen neuen Kollegen. Niemand, der direkt in die Kamera sprach. Erschwerend kam hinzu, dass jeder Bewerber einen sechsstufigen Prozess einschließlich einer Schriftlichen Bewerbung, Lebenslauf & Co. durchlaufen sollte, bevor er ins persönliche Vorstellungsgespräch eingeladen wird.

Mein Fazit: „Zu viele Hürden, keine Faktoren, die den Wunsch wecken könnten, für dieses Dachdecker-Unternehmen zu arbeiten." Es gab auch keine einzige Bewerbung. Dabei hatte Andreas mehrere tausend Euro in diese Karriereseite und das Video investiert. Die erhoffte Resonanz blieb komplett aus. Ich machte Andreas klar: „Dachdecker sind Handwerker. Die wollen keine aufwendigen Bewerbungen schreiben. Dein Unternehmen ist ein sehr erfolgreicher Handwerksbetrieb und du ein großartiger Unternehmer. Leider präsentiert es diese Seite gar nicht."

Ich nahm Andreas in unser Geschäftsführer- und Unternehmertraining. Schon beim ersten Gespräch hörte ich heraus, was für ein fantastisches Familienunternehmen er leitete. Da steckt Tradition und ein unglaublich hohes Maß an geballter Kompetenz dahinter. Ich schaute mir den Betrieb an. In seinem Büro zog ein Bild meine Aufmerksamkeit magisch an: Es war von der letzten Weihnachtsfeier, auf dem Andreas mit seinem gesamten Team und den Frauen und Kindern seiner Angestellten zu sehen war. Ich riet ihm, sich vor dieses Bild zu stellen. Das wäre der richtige Ort, ein Video aufzunehmen und darin Interessenten persönlich anzusprechen: „Du bist Dachdecker und suchst nach einer neuen Herausforderung? Hast du Lust auf anspruchsvolle Projekte im Privatkundenbereich? Möchtest du Teil dieses Teams und unserer großen Betriebsfamilie werden? Das Besondere an dem Bild unserer letzten Weihnachtsfeier hinter mir ist, dass du nicht nur meine 25 Mitarbeiter siehst, sondern auch deren Familien. Denn ein Familienunternehmen zu führen, heißt für mich, nicht nur meine Mitarbeiter, sondern auch die Familien dahinter zu kennen. Wenn es irgendein Problem gibt, egal ob im beruflichen oder im privaten Bereich, bin ich jederzeit für meine Mitarbeiter da. Das bedeutet für mich eine Familie zu sein. Wenn du also bei unserer nächsten Weihnachtsfeier der 26. Mitarbeiter auf diesem Bild sein möchtest, dann melde dich bei mir und wir unterhalten uns über deine Perspektiven in unserem Unternehmen. Ruf mich einfach an. Bewerbungsunterlagen brauchst du nicht einzusenden, denn mir ist nicht wichtig, wie du früher in der Schule warst, sondern was du kannst und ob du als Mensch zu uns passt. Also, ich freue mich auf deinen Anruf."

Wow! Das war Emotionalität pur. Wer fühlt sich da nicht angesprochen? Jemand der das sieht, spürt sofort, dass da ein Unternehmer ist, bei dem nicht nur Familienunternehmer auf der Website steht, sondern dass er das auch tatsächlich lebt.

„Du brauchst einen starken Magneten, um Mitarbeiter aus anderen Unternehmen anzuziehen."

Glaubwürdig und authentisch. Ein starker Magnet. Der erste Erfolg ließ nicht lange auf sich warten.

Jede Firma steht und fällt mit den Menschen, die dort arbeiten.

Gute Strategien für Nachwuchs- und Mitarbeitergewinnung sind Grundstein für den Erfolg eines Handwerksunternehmens. Sind diese qualifiziert, motiviert und engagiert, sind sie das beste Aushängeschild, das du haben kannst. Deshalb darfst du viel Sorgfalt und Energie in die Akquise deiner Angestellten investieren. Diese Menschen repräsentieren deinen Betrieb nach außen und haben mehr Kontakt zu deinen Kunden als du selbst. Die Zufriedenheit der Mitarbeitenden hat darum oberste Priorität, denn sie ist die wichtigste Basis für ein positives Ansehen deines Betriebs.

11

Motivation durch bessere Führung: Mitarbeiter erfolgreich ans Unternehmen binden

Mitarbeitergewinnung ist die eine Disziplin — gute Mitarbeitende im Betrieb zu halten — die andere. Umfragen zeigen, dass jeder dritte Arbeitnehmer offen für ein neues Jobangebot ist. Die Gründe dafür sind vielfältig.

Diese Wechselbereitschaft kann zu einem brenzligen Faktor für deinen Handwerksbetrieb werden, wenn deine Mitarbeiter nicht hundertprozentig zufrieden sind bei dir. Mitarbeiterfluktuation hat immer etwas mit Unzufriedenheit zu tun. Darum ist neben der Gewinnung neuer Mitarbeiter das Halten bestehender Mitarbeiter gleichbedeutend wichtig. Jeden deiner Gesellen brauchst du, um deine Aufträge sauber erfüllen zu können.

Immer wieder erzählen mir Coachingteilnehmer von der Fluktuation in ihrem Betrieb und den daraus resultierenden Schwierigkeiten. Wechselbereitschaft von Arbeitnehmern ist zwar auch das Ergebnis einer positiven Arbeitsmarktlage, aber oft wird sie auch durch eigenes Verschulden im Betrieb hervorgerufen. Statistisch gesehen liegen an erster Stelle die Ursachen für einen Arbeitgeberwechsel im Verhalten der Führungskraft. Erst danach stehen zu viel Stress und Druck am Arbeitsplatz, was zur fortlaufenden Überforderung führt, und an dritter Stelle fehlt die Anerkennung für die eigene Leistung. Ich werde oft gefragt: Was können wir tun, um die Arbeitszufriedenheit im Betrieb zu erhöhen und unsere qualifizierten Mitarbeiter zu halten? Die Antwort ist einfach und mit einem Satz auf den Punkt zu bringen. Die Lösung für mehr Arbeitszufriedenheit heißt: Wertschätzung durch authentische und ehrliche Vorgesetzte und vor allen Dingen gute Kommunikation.

Authentische und ehrliche Führungskräfte haben nicht nur im Handwerk die Nase vorn. Ein Meister oder Chef, der Optimismus ausstrahlt, seine Mitarbeiter wertschätzt und motiviert, und dabei ehrlich über Risiken und Fehlleistungen spricht, wirkt authentisch und wird ernst genommen. Er kann auch mal mit anpacken und sein eigenes Fachwissen auf der Baustelle zeigen, wenn Not am Mann ist. Handwerker möchten mitgenommen und informiert werden, das Ziel eines Projektes kennen und auch gerne wissen, welche Risiken und Chancen für den Unternehmenserfolg in dem Projekt liegen. Einbezogen zu sein, motiviert jeden und lässt den Mitarbeiter Teil des Gesamterfolgs werden. Meine Empfehlung an Chefs und Führungskräfte von Handwerksbetrieben:

Nimm deine Mitarbeiter auf dem Weg zum Ziel mit und beziehe sie verantwortlich mit ein. Gute Kommunikation ist die beste Mitarbeiterbindung.

Meine Erfahrung aus unserer Tischlerei, der Raumfabrik und den Coachings ist zudem: Mitarbeiter möchten, dass ihre Ideen und Arbeitsqualität wertgeschätzt werden. Ein Vorgesetzter, der in der Werkstatt oder auf der Baustelle aufmerksam beobachtet, kann jedem ein klares, anerkennendes Feedback geben. Er wird seine Mitarbeiter nach ihren Stärken und Schwächen entspre-

„Wertschätzung durch authentische und ehrliche Vorgesetzte und vor allen Dingen gute Kommunikation.“

chend einsetzen und kann strukturiert, transparent und wertschätzend kommunizieren. Wenn Chefs klar mit ihren Mitarbeitern reden und offene Fragen klären, wissen diese immer, woran sie sind. Das kann zum Beispiel in einem regelmäßigen Mitarbeitergespräch sein. Dazu gehört Reflexion und ehrliches Feedback, anhand welchem man sich weiterentwickeln und wachsen kann. Mitarbeiter möchten, dass ihr Engagement gesehen und wahrgenommen wird.

Viele Unternehmer unterschätzen, dass für die Mitarbeiter im Job nicht nur die Entlohnung zählt, sondern sie den Zusammenhalt im Team und den menschlichen Umgang miteinander ebenso brauchen, um sich wohlzufühlen. Nichts ist schlimmer als Mobbing am Arbeitsplatz. Aufmerksame Chefs oder Meister sehen solche Signale rechtzeitig und suchen sofort das persönliche Gespräch, um eine Lösung zu finden. Einen unzufriedenen Mitarbeiter persönlich anzusprechen, verhindert weitere Frustration, verbessert in der Regel das Betriebsklima und erhöht spürbar die Loyalität dieses Mitarbeiters gegenüber dem Arbeitgeber.

Zu den Basics für Mitarbeiterbindung gehören auf jeden Fall eine angemessen gute Entlohnung, Weiterbildungs- und Karrieremöglichkeiten sowie genügend Freizeit, die eine Work-Life-Balance lebbar macht. Weitere Goodies, die beim Recruiting ebenso gut ankommen, wie für bestehende Mitarbeiter sind Teamveranstaltungen, Zuschüsse zum Fitnessstudio, Firmenhandys oder ein Job-Rad. Die Säulen für eine gute Mitarbeiterbindung im Handwerk sind die offene Kommunikation, eine gute Arbeitsatmosphäre und Wertschätzung. Ich gebe den Handwerksbetrieben, die in unseren Trainings sind, immer den Rat, diese Eckpfeiler als erstes zu stärken und parallel daran zu arbeiten, eine gute Führungskraft zu werden.

// Mitarbeiterführung bedeutet, ihnen zu helfen erfolgreich zu werden

In der Theorie wissen wir, was das bedeutet. Es ist jedoch nicht einfach, das auch praktisch in den täglichen, stressigen Situationen des Alltags umzusetzen. Seine Mitarbeitende so zu führen, dass sie wachsen und sich entwickeln können, bedeutet auch, ihnen Verantwortung zu geben und sie ihre Aufgaben allein erledigen zu lassen.

Gerne übergeben wir Aufgaben in die Verantwortungsbereiche von anderen, doch wie oft kommt es vor, dass wir als Chef eingreifen und es dann doch selbst machen, sobald Unklarheiten oder Komplikationen auftreten? Es geht einfach schneller und unter Druck fällt Geduld unendlich schwer.
Dann machen wir genau das Gegenteil von dem, was der Mitarbeiter gerade braucht, um es zu lernen und Sicherheit zu gewinnen. Mit anderen Worten: Wir verhindern Erfolgserlebnisse und Wachstum. Zugegeben, als versierter Handwerker ist es schwer, einem jungen Mitarbeiter zuzuschauen und zu sehen, dass er etwas noch nicht kann oder viel zu viel Zeit für eine Aufgabe braucht. Da nicht einzugreifen ist eine Geduldsprobe. Doch wenn man keine Chance zum Lernen gibt, bekommt man auch keine guten Mitarbeiter.

// Motivation im Handwerk: Höre auf, deine Mitarbeiter zu demotivieren

Wer ein Unternehmen führt, sollte seine Mitarbeiter auch motivieren können. Motivation ist Nahrung der Seele und innerer Antrieb. Es ist die Energie, die eine Person dazu antreibt, eine bestimmte Handlung auszuführen oder ein bestimmtes Ziel zu erreichen. Im Handwerksbetrieb wird ein hoher Grad an Motivation dazu beitragen, dass Mitarbeiter ihre Arbeit besser und effektiver ausführen und mit mehr Freude bei der Arbeit sind.

Wenn es darum geht, Mitarbeiter zu motivieren, gibt es verschiedene Ansatzpunkte, das zu tun:

/ **1. Eine positive Arbeitsumgebung schaffen:**

Eine positive Arbeitsumgebung kann dazu beitragen, dass Mitarbeiter sich wohl und geschätzt fühlen und somit motivierter sind, ihre Arbeit zu erledigen.

/ **2. Klare Ziele und Erwartungen setzen:**

Wenn deine Mitarbeiter klare Ziele haben und deine Erwartungen kennen, wissen sie genau, was sie tun müssen und können sich ganz darauf konzentrieren, diese Ziele zu erreichen.

/ **3. Leistungsanreize bieten:**

Anreize liegen nicht immer im Geld. Es kann die Anerkennung sein, die Wertschätzung und auch die offene, klare Kommunikation, die deine Mitarbeiter motivieren, ihre Arbeit besser zu machen und gemeinsam im Team die Projekte gut umzusetzen.

/ **4. Karriereentwicklung fördern:**

Die meisten Mitarbeiter sind motivierter bei der Arbeit, wenn sie das Gefühl haben, Möglichkeiten zur beruflichen Weiterentwicklung und Aufstiegsmöglichkeiten im Unternehmen zu haben.

/ **5. Feedback geben:**

Regelmäßiges Feedback ist eine besondere Art der Wertschätzung. Es erkennt die Leistungen und Anstrengung, die ein Mitarbeiter in eine Aufgabe gesteckt hat, an. Es wird dazu beitragen, dass Mitarbeiter ihre Arbeit besser verstehen und ihre Fertigkeiten noch weiter verbessern, was wiederum die Motivation fördern kann.

Mitarbeitende zu motivieren, heißt vor allen Dingen auch, sie nicht zu demotivieren. Nicht zu demotivieren ist zudem häufig sogar noch viel einfacher als direkt zu motivieren. Klingt vielleicht paradox, doch wie schnell haben wir Kritik zur Hand? Wie sehr kann unangemessene und unsachliche Kritik verletzen und demotivieren? Das kennt doch jeder von sich selbst: Du hast dir viel Mühe gegeben, doch der andere sieht zunächst nur das, was nicht perfekt ist. Die Motivation sinkt augenblicklich in den Keller und Enttäuschung macht sich breit. Wollen wir dieses Gefühl bei Mitarbeitern erzeugen? Demotivierte Mitarbeiter sind wie angezogene Handbremsen, die in einem Unternehmen verhindern, dass es Fahrt aufnimmt. Demotivation entsteht aber auch durch ein schlechtes Kommunikationsverhalten im Allgemeinen, durch Ignoranz und vor allen Dingen durch die Eigenart, die an Mitarbeiter übertragenen Aufgaben am Ende doch selbst zu machen. Das macht deine Leute unzufrieden und unglücklich.

Du bist zwar nicht für das Glück deiner Mitarbeiter zuständig, aber du kannst ihnen sehr wohl bewusst Raum geben, in dem sie wachsen und sich zufrieden fühlen können. Es liegt an dir, ihnen Aufgaben zu übertragen, die ihren Kompetenzen entsprechen. Die ihnen auch Freude machen. Die sie bestmöglich erledigen wollen. Es klingt einfach, braucht aber ein gewisses Maß an Führungskompetenz. Wie erfolgreiche Führung im Handwerk sowohl auf menschliche als auch fachliche Art gestaltet sein kann, erarbeiten wir gerne gemeinsam.

12

Professionalität als Markenzeichen: Wie du dich von der Konkurrenz abhebst

Um dein Image zu stärken, darfst du als Handwerksunternehmer darauf achten, wie professionell du dich Kunden gegenüber präsentierst. Die Kampagnen, die von den Verbänden gestartet worden sind, haben dafür den Weg bereitet.

Den gilt es durch das Auftreten eines jeden einzelnen Betriebs zu stabilisieren. Darum lass uns zusammen Momentum aufbauen - jeder aus seinem eigenen Betrieb heraus, sodass sich unser Image in der Gesellschaft spürbar verbessert.

Was bedeutet Professionalität? Um eines vorwegzunehmen: Es gehört weit mehr dazu als fachmännische Kompetenz, also mehr als die richtige Technik beim Tapezieren, Schreinern, auf dem Bau, oder wo immer dein Fachbereich liegt. Professionalität bedeutet, dass du jederzeit das eigene Handeln ernst nimmst und – unabhängig von der Höhe des Auftragsvolumens – qualitativ beste Arbeitsergebnisse ablieferst. Auch, dass du regelmäßig in dich und dein Team investierst, um Fähigkeiten zu verbessern und das Wissen auf dem neuesten Stand zu halten.

Zur Professionalität gehören anspruchsvolle Standards vom ersten Kundenkontakt bis zur Schlussabrechnung. Das sind betriebsinterne Abläufe, die du mit deinem Team konkret planen kannst. Auf verschiedene Aspekte bin ich schon eingegangen. Außerdem zählen unbedingt Eigenschaften wie Sauberkeit, Pünktlichkeit und Zuverlässigkeit dazu. Das sollte für jeden Unternehmer und dessen Mitarbeiter eine Selbstverständlichkeit sein. Ist es aber nicht. Vor allem auf den Baustellen hapert es. Handwerker stehen dort im wahrsten Sinne des Wortes im Rampenlicht. Sinnvoll ist, egal ob Außen- oder Innenarbeiten, eine ordentliche Erscheinung in angemessener Arbeitskleidung und die Werkzeuge in gutem Zustand und einsatzbereit. Neben der fachlichen Kompetenz des Einzelnen fällt eine hilfsbereite Art des Auftretens und gute Kommunikation bei Kunden wie Kollegen positiv auf. Das schafft Vertrauen und sorgt für ein angenehmes Arbeitsklima.

Ein erster Schritt ist darüber nachzudenken, wie unser Verhalten bei der Arbeit und unsere Dienstleistungen aussehen sollten, um positiv nach außen zu strahlen und bei jedem noch so kleinen oder großen Auftrag hundertprozentige Kundenzufriedenheit zu erreichen. Es ist nicht so einfach, alle Erwartungen zu erfüllen, besser noch, mehr als erwartet zu liefern. Zugegeben, das schüttelt niemand aus dem Ärmel. Klare Strukturen in den Prozessen helfen dabei. Jeder Unternehmer, der sich mit seinem Team in diese Richtung entwickeln möchte, darf dafür klare Regeln und Grundlagen erarbeiten. Dann gilt es, die gezielt zu installieren. In unserem Training ist ein wichtiges Modul genau das gemeinsam zu definieren und anhand praktischer Beispiele der Teilnehmer aktiv zu üben.

// Wie finden du und deine Mitarbeiter konkret zu einem professionellen Auftreten?

Worauf darfst du achten und worauf den Fokus lenken? In der Raumfabrik haben wir ein paar grundsätzliche Regeln für alle eingeführt und einen Massnahmenplan erstellt, wann wir an welcher Stelle des Prozesses kleine Überraschungsmomente, sinnvolle Aktivitäten, einen kleinen Extra-Service oder vertrauensbildende Dinge einsetzen. Lass dich davon inspirieren. Glaube mir, die bewirken Wunder.

/ 1. Pünktlichkeit und Zuverlässigkeit

Zeit ist knapp geworden und für die meisten Menschen extrem wertvoll. Wie viele Menschen um uns herum sind gestresst? Im Beruf, in der Freizeit und auch beim Versuch, beides sinnvoll auf einen Nenner zu bringen. Wie ärgerlich ist es, wenn jemand uns warten lässt? Uns Zeit stiehlt? Für die Raumfabrik-Kunden hat der Faktor Zeit große Bedeutung. Es ist unser Anliegen, mit Kundenzeit sorgsam umzugehen. Pünktlichkeit und Zuverlässigkeit sind oberste Priorität eines jeden im Unternehmen. Darum haben wir uns im Team zusammengesetzt und nachgedacht, wie wir unseren Kunden Zeit sparen und den ganzen Auftragsprozess so gestalten können, dass an keiner Stelle Zeit vergeudet wird. Damit zeigen wir den Kunden, dass wir ihnen Achtung und Wertschätzung entgegenbringen. Eine Geste, die positiv wahrgenommen wird.

Wenn ich zum Beispiel um acht Uhr einen Vorort-Termin vereinbart habe und diesen aufgrund der Verkehrssituation – oder aus welchem Grund auch immer – nicht einhalten kann, rufe ich den Kunden an. Zehn Minuten zu spät zu kommen, wäre an sich nicht so schlimm, doch der Kunde hat sich auf 8 Uhr eingestellt und erwartet mich. Zu spät zu kommen schafft eine unsichere Situation, denn er weiß nicht, was los ist und ob ich überhaupt noch komme. Das bindet Zeit. Die Person weiß nicht, ob sie noch ungestört ein Telefonat führen, schnell die Kinder in Schule oder Kindergarten bringen oder schon erste E-Mails konzentriert erledigen kann.

Ungewissheit nervt. Das geht mir selbst genauso. Darum kommuniziere ich jede Verspätung oder jede Abweichung von einer getroffenen Vereinbarung sofort. Auch wenn ich es schaffe, eine Viertelstunde früher da zu sein, weil ich gut durch den Berufsverkehr gekommen bin, rufe ich beim Kunden an und frage, ob das in Ordnung ist. Weiß ich denn, ob der vor unserem Termin noch etwas anderes erledigen möchte? So zu handeln gilt nicht nur für mich, den Unternehmer, sondern für alle unsere Mitarbeiter. Pünktlichkeit ist uns in Fleisch und Blut übergegangen.

Im Prinzip eine einfache Sache: Wenn ich das in meinen Seminaren erzähle, ernte ich Kopfschütteln. „Sven, das ist doch selbstverständlich." Doch woran liegt es, dass Kunden, Freunde und Bekannte mir immer wieder von derartigen Verspätungen erzählen? Oder dass ich es als Kunde oft selbst erlebe, dass Verspätungen nicht angekündigt und kommuniziert werden?

Mich macht das rasend, wenn sich jemand verspätet und mir nicht Bescheid gibt. Mein Tag ist voll durchgetaktet und Wartezeit ist vertane Zeit. So banal wie das klingt:

Sei auch in diesen Kleinigkeiten besser und achtsamer als deine Mitbewerber. Schaffe durch Pünktlichkeit ein Alleinstellungsmerkmal.

Pünktlichkeit und Zuverlässigkeit stärken dein Image als Handwerkspartner. Vertraue mir, diese Mühe zahlt sich aus.

„Der Aufbau einer guten Reputation dauert Monate bis Jahre und will konsequent gemacht werden.“

/ 2. Sauberkeit und Ordnung

Bei Innenarbeiten, auf der Baustelle oder im eigenen Betrieb kann es nicht immer sauber und ordentlich sein. Dennoch kann man darauf achten und zwischendurch immer wieder dafür sorgen. Eigentlich eine selbstverständliche Geste, aber nicht für jeden. Kunden, die Renovierungen in Auftrag geben, können ein Lied davon singen.

In der Raumfabrik haben wir feste Regeln geschaffen, wie wir Sauberkeit und Ordnung umsetzen. Um es auf einen einfachen Nenner zu bringen: Am Abend die Baustelle nicht im Chaos zu verlassen, sondern aufgeräumt, sodass der morgendliche Arbeitsbeginn Spaß macht. Als Handwerker auch mal den Besen in die Hand nehmen, um den Dreck in Grenzen zu halten und nicht in den Räumen eines Hauses überall zu verteilen, ist kein Hexenwerk. Es zu tun, braucht nur wenige Minuten. Wenig Aufwand, der aber aufseiten des Kunden einen großen Effekt erzielt und ein wertschätzendes Gefühl vermittelt. Kunden haben bestimmte Bedürfnisse, Ängste oder auch individuelle Wünsche, die oft nicht ausgesprochen werden, weil sie sich nicht trauen.

Wer seinen Kunden zuhört, erfährt genau, was ihnen wichtig ist. Was sie beschäftigt. Speichere das ab und berücksichtige es bei jedem Kontakt. Finde auch die Sorgen des Kunden heraus und versuche, sie auszuräumen oder zu entkräften. Bei einer Hausrenovierung beispielsweise haben viele Kunden Angst vor der Beschädigung ihres Eigentums. Vor dem Dreck und Chaos, dass eine Renovierung oder Installation mit sich bringt. Davor, dass ihr Alltag für ein paar Tage vollkommen auf den Kopf gestellt wird und dass sie sich in ihren eigenen vier Wänden nicht mehr wohlfühlen. Eine Möglichkeit, diese Angst auszuräumen ist, ihnen die Mitarbeiter vorher vorzustellen.

/ 3. Das Team vorstellen und Vertrauen schaffen

Dich als Unternehmer kennt der Kunde, deine Mitarbeiter allerdings nicht. In der Raumfabrik nehmen wir Sorgen wie diese sehr ernst. Wir hatten die Idee, alle Mitarbeiter, die auf den Baustellen arbeiten, zu filmen und in einem kurzen, charmanten Video vorzustellen. Dieses Video bekommen unsere Kunden vor Beginn der Arbeiten. Jeder unserer Leute präsentiert sich darin auf eine humorvoll-sympathische Art und Weise. Wir verschicken es zusammen mit einer Terminerinnerung ein paar Tage vorher.

Das hat einen doppelt positiven Effekt: Einerseits freuen sich Kunden über die Geste, andererseits bekommen sie einen Eindruck derer, die den Auftrag ausführen.

Unkonventionell, entspannt, persönlich. Wir schaffen damit eine Brücke zwischen unserem Team und dem Kunden. Ohne zusätzlichen Zeitaufwand. Seitdem wir das machen, gibt es deutlich weniger Beschwerden. Die Kunden fühlen sich verstanden und gut aufgehoben.

Für uns hat diese Idee auch positive Seiten: Einerseits können wir unsere Mitarbeiter vorstellen, ohne dass diese persönlich anwesend sein müssen. Die persönliche Vorstellung haben wir anfangs versucht, aber bei jedem Kunden die komplette Mannschaft vorab für ein Kennenlernen zusammenzutrommeln, stößt an die Grenzen des Machbaren. Es kostet unendlich viel Zeit, die nicht bezahlt wird.

Andererseits rücken wir damit das Handwerk in ein neues Licht, weil wir moderne Medien auf smarte Weise einsetzen. Ein kleiner positiver Überraschungseffekt.

„Etwas psychologisches Einfühlungsvermögen, verbunden mit einer einfachen Idee, bringt großen Effekt.“

/ 4. Ein Gefühl der Sicherheit und Vertrauen geben

Wir wollen, dass unsere Kunden sich von uns verstanden und gut betreut fühlen. Sie bekommen ein Gefühl von Sicherheit und Vertrauen, was uns wiederum die Arbeit sehr viel einfacher macht.

Das Geheimnis ist: Sagt der Kunde etwas - genau zuhören! Verstehst du seine Sorgen, kannst du sie im entscheidenden Moment entkräften. Das ist die beste Grundlage für partnerschaftliche Zusammenarbeit. Steht etwa eine umfangreichere Renovierung an, sind die Kunden schon aufgedreht und voller Vorfreude. Sie wissen zwar, dass es länger dauern wird, können aber den Beginn der Arbeiten und Fertigstellung der neuen Küche, des Bades oder anderer Räumlichkeiten kaum erwarten. Aber trotzdem ist es eine Belastung für sie, über mehrere Tage oder sogar Wochen hinweg jeden Tag fremde Menschen in ihrem Haus zu haben. Sie empfinden Unbehagen und wissen oft nicht, wie sie damit umgehen sollen.

Wenn du das im Hinterkopf hast, kannst du deine Kunden mental entsprechend abholen, zum Beispiel mit einer Geste oder kleinen Aufmerksamkeit. Bei uns bekommen die Kunden beispielsweise ein kleines Geschenk zum Bergfest, also wenn die Hälfte der Bauzeit rum ist. Das ist eine Tüte mit hochwertigen Bonbons, auf denen unser Logo gedruckt ist. Damit wollen wir ihnen die restliche Bauzeit im wahrsten Sinne des Wortes versüßen. Eine kleine Überraschung, die ein großes Lächeln in ihre Gesichter zaubert. Sie vermittelt Wertschätzung für den Kunden. Kleiner Aufwand, große Wirkung.

/ 5. Auftraggebern Arbeit abnehmen und Ärger ersparen

Eine andere Idee aus unserem Unternehmen ist der „Nachbarschaftsbrief". Damit nehmen wir unseren Kunden Arbeit ab und ersparen ihnen Ärger, sodass ihre Nerven in zweierlei Hinsicht geschont werden. Wir haben ihn standardisiert vorformuliert, sodass wir jederzeit schnell darauf zugreifen können und nur noch wenige Parameter an die individuelle Situation anpassen müssen. Wenn wir irgendwo eine größere Renovierung durchführen, bei der es lauter werden kann, bekommen alle Anwohner im Umkreis von uns diesen Brief zugeschickt.

Wir kündigen die Arbeiten an und bitten alle Nachbarn im Voraus um Verständnis für eventuelle Unannehmlichkeiten. Zudem nennen wir die Handynummer des Bauleiters, sodass die Leute ihn bei Problemen direkt erreichen können. Steht beispielsweise jemandem eines unserer Fahrzeuge im Weg, regeln wir das sofort und zwar direkt mit dem Betroffenen. Mit der Erreichbarkeit regeln wir Dinge, ehe sie zu einem Problem oder gar länger anhaltendem Ärger werden. Der Kunde bekommt davon nichts mit. Dem Nachbarschaftsbrief legen wir unser Kundenmagazin als kleines Geschenk bei, damit sich die Anwohner über uns informieren können und wissen, wer die Arbeiten durchführt. Auch dies ist ein kleiner Aufwand mit großer Wirkung. Die meisten Kunden sind begeistert, denn sie brauchen sich um nichts mehr zu kümmern. Würden wir das nicht machen, würden genervte Nachbarn bei ihnen anrufen und das bereitet zusätzliche Arbeit für den Kunden.

Störungen auf der Baustelle, vor allem solche die mit den Arbeiten an sich nichts zu tun haben, belasten jeden Auftraggeber. Wir sorgen dafür, dass so etwas nicht passiert. Du glaubst gar nicht, wie positiv unsere Kunden das bewerten. Nicht zuletzt wird unser Team und unser Unternehmen als höchst professionell wahrgenommen. Mit anderen Worten: Reine Werbung für die Raumfabrik und das in der richtigen Zielgruppe, denn Kunden, die uns mit der Renovierung oder dem Umbau ihres Hauses beauftragen, wohnen meist in einer guten Wohngegend. In so einer Lage gibt es andere Hausbesitzer, die wahrscheinlich ähnliche Vorstellungen und Anforderungen haben; oft auch einen ähnlichen finanziellen Hintergrund. In Kundenzufriedenheit und ein paar Extra-Service-Leistungen zu investieren, ist ein lohnendes Unterfangen und spricht sich schnell herum.

„Ob das Handwerk von Kunden positiv oder negativ wahrgenommen wird, hängt davon ab, wie wir uns verhalten."

Diese genannten Dinge sind einfach umzusetzen, kosten wenig und stärken dennoch das Image des Handwerks beim Kunden überproportional. Zufriedene Kunden empfehlen ihre Handwerker gerne. Davon profitierst du in deinem Betrieb.

TEIL 4

Mit einer Verkaufsstruktur zu mehr Effizienz und Erfolg

13

Kunden im Wandel: Die Bedeutung von Kundenverständnis für nachhaltigen Erfolg

Ich bin zuvor darauf eingegangen, dass sich für Allround-Handwerker die Voraussetzungen dramatisch verändert haben und es klare Spezialisierung braucht, um die Komplexität der Technik zu meistern.

Kunden suchen sich ihre Dienstleister gezielt aus, denn wenn sie beispielsweise in eine moderne Küche mit allen technischen Raffinessen investieren, wollen sie sicher sein, dass sie auch richtig installiert wird. Dass das Handwerkerteam sich darauf spezialisiert hat und diese Aufgabe mit Freude und Können umsetzt. Ich denke dabei immer an meinen Vater, der Tischlermeister und zusätzlich staatlich geprüfter Gestalter im Handwerk ist. Er ist kein Innenarchitekt, aber Gestalter.

Mit dieser Expertise möchte er auch gestalten und weder billige Möbel bauen noch Rollladenkästen reparieren oder den Einbau von Fenstern übernehmen. Er lebt seine Mission, Möbel aus Holz zu bauen. Schöne Möbel. Wertvolle Möbel. Schmuckstücke, die ein Leben lang halten. Unsere Kunden spüren, dass ihn das glücklich macht. Dass bei jedem Auftrag sein Herz mitschwingt. Das strahlt er aus, denn in dieser Arbeit findet mein Vater den Sinn, den wir alle brauchen, um jeden Morgen gerne aufzustehen und sich auf den Tag zu freuen. Kunden schenken Handwerkern wie meinem Vater ihr Vertrauen und geben ihre Aufträge in die Hände solcher Experten. Sie spüren, die Leidenschaft dahinter und dass sie sich in ihrem Metier wirklich auskennen. Das alles ist die Sicht der Kunden bei der Auswahl der Handwerksbetriebe.

Doch lass uns das mal umkehren und aus einem anderen Blickwinkel betrachten: Wer sind denn deine Kunden? Welche Art von Menschen möchtest du mit deiner neu erarbeiteten Spezialisierung und Positionierung in Zukunft anziehen? Hast du dir darüber schon mal Gedanken gemacht?

Aus meiner Erfahrung weiß ich, dass es ein wesentlicher Schritt zum erfolgreichen Unternehmer ist, seinen Wunschkunde genau zu kennen. Du musst nicht jeden nehmen, sondern kannst gezielt darauf hinarbeiten, genau die Menschen anzuziehen, die zu dir passen. Für die du gerne arbeiten möchtest. Die deine Arbeit wertschätzen und sich über die Ergebnisse freuen, statt rumzumeckern. Das ist ein anderer Ansatz, Kunden zu betrachten und wird sich vielleicht für einen Moment ungewöhnlich anfühlen. Doch wenn du genau weißt, wer in Zukunft deine Kunden sein sollen, kannst du gezielt darauf hinarbeiten, sie anzuziehen.

// Challenge: Wer ist dein Wunschkunde?

Nimm dir einen Moment Zeit, Stift und Papier oder schnappe dir deinen Computer und beantworte folgende Fragen:

Mit welcher Art von Kunden hast du bereits eine fruchtbare Zusammenarbeit?

Bei welchen Menschen hattest du die höchste Trefferquote mit deinen Angeboten?

Welche Kunden waren besonders dankbar für die Zusammenarbeit?
Welche Arbeiten hast du für diese Kunden gemacht?

Beschreibe diese Menschen genauer, sodass du sie klar vor dir siehst.

Notizen /

// Marketingbotschaften und Angebote gezielt auf die Zielgruppe ausrichten

Wenn du deine liebsten Zielkunden für dich definiert hast, sind 80 Prozent der Positionierungs-Arbeit getan. Herzlichen Glückwunsch! Zu wissen, für wen du arbeiten willst, bringt dich in die Lage, deine Angebote und Leistungen darauf aufzubauen. In der Raumfabrik haben wir diesen Schritt gemacht und für uns festgelegt, dass wir nur die privaten Häuser für Menschen renovieren und umbauen wollen. Unsere Kunden wohnen selbst darin und haben einen hohen Anspruch an Qualität und Optik. Das haben wir ganz klar definiert. Davon weichen wir auch niemals ab, denn da liegt unsere Stärke und Leidenschaft. Das ist unsere Spezialität. Wir wissen, dass wir das können und dass uns da niemand etwas vormachen kann.

Besitzer von Vier- oder Acht-Parteien-Häuser, die komplett vermietet sind, gehören nicht zu unserer Zielgruppe. Auch Versicherungen, die nach einem Schadensfall eine Sanierung in Auftrag geben wollen, sind es nicht. In diesen Segmenten kennen wir uns nicht aus, denn da stecken andere Marktmechanismen dahinter. Ich habe keine Zeit, mich damit zu beschäftigen und will es auch nicht. Solche Anfragen bekommen wir gar nicht, weil wir zu spitz positioniert sind. Es wäre, als wenn man einen Autohersteller fragt, ob er auch schnell ein Motorrad baut.

Unser Schwerpunkt ist der Gestaltungsbereich. Damit befasse ich mich intensiv. Es wäre Wahnsinn, wenn wir High-End-Renovierungen für Privatkunden, Renovierungen von Zehn-Parteien-Mietshäusern und Gebäudesanierungen nach Brand oder Wasserschäden anbieten würden. Was für ein Bauchladen! Ich wüsste gar nicht, wie ich dafür ein Marketingkonzept entwickeln sollte, weil die Bereiche viel zu unterschiedlich sind.

Lass dich davon inspirieren. Warum legst du nun nicht mal schriftlich deine eigenen Gedanken fest, was du erreichen

„Hast du deine Positionierung schließlich klar herausgearbeitet, solltest du auch den Mut haben, dazu zu stehen und das Ganze konsequent umzusetzen.“

möchtest? Trau dich, einen Wunschziel zu formulieren: Wie sähen deine Kunden aus? Wie deine Angebote für sie? Wie glücklich und zufrieden wären sie mir deiner Arbeit? Wie sähe demzufolge dein Betrieb aus? Schreibe auch gleich einen Zeitpunkt dazu, wann du zum ersten Mal die Tür zu diesem Unternehmen öffnen und es zusammen mit einem Wunschkunden zu einem Meeting betreten möchtest. Kannst du es dir vorstellen? Wie fühlt sich das an? Wer ist dort mit an Bord? Zeichne in deiner Vorstellung ein klares Bild davon und horche in dich hinein, was dein Herz und was dein Verstand dazu sagt. Ist es motivierend oder denkst du jetzt: „Nicht machbar!“?

Dann zerlege doch die große Zielvision und den Zeitraum, den du dir gibst, in kleinere Portionen. In machbare Schritte. In Etappen, die du dir zutraust. Wie sehen die aus? Was brauchst du, um sie zu gehen? Definiere einen Schritt nach dem anderen. Notiere dir jeden Gedanken. Weißt du, dass Dinge, die du aufschreibst, kraftvoller sind? Du setzt sie mit dreimal höherer Wahrscheinlichkeit um als Dinge, die du nicht schriftlich festhältst. Ein anderer Trick ist: Schreibe nicht „Ich möchte bis dann und dann, das oder das tun“, sondern formuliere jeden Schritt so, als hättest du ihn bereits gemacht. Wie sieht das Ergebnis nach jedem Schritt konkret aus? Kannst du es vor deinem geistigen Auge sehen?

Spürst du, welche Kraft dahintersteckt und was es mit dir macht, allein es sich vorzustellen? Genieße dieses Zielbild und stelle dir vor, wie es dir geht, wenn du es erreicht hast: Raus aus dem Druck, dem Stress, dem Hamsterrad der ständigen Arbeit. Nur noch für Kunden zu arbeiten, die deine Arbeit schätzen und dafür auch angemessene Preise bezahlen, ohne zu feilschen und zu meckern.

Dann überlege dir, wie kannst du zeitlich jeden einzelnen Schritt umsetzen?

Setze dir feste Fristen für die Realisierung. Erstelle einen Plan für dein Ziel, genauso ernsthaft, als wenn du für einen Kunden

den Arbeitsablauf eines Auftrags planst. Belohne dich, wenn du einen Schritt gemeistert hast. Plane auch das ein. Erfolge muss man feiern und sich selbst dafür mit Stolz und Anerkennung honorieren. Das ist ein nicht unerheblicher Punkt, deine Motivation und die deiner Mitarbeiter hochzuhalten.

Bei einer so spitzen Positionierung wie wir es in der Raumfabrik haben, gibt es immer zwei Aspekte: Zum einen muss das fachliche Know-how da sein, zum anderen brauchst du den Mut, dich klar auf deine Wunschkunden auszurichten. Diese Zielgruppe muss es natürlich in der Realität geben und idealerweise hast du schon mehrfach erfolgreiche Aufträge für diese Menschen abgewickelt. Du weißt, wie sie ticken, was sie wollen und welche Anforderungen sie stellen. Dann schafft man auch beides. Wenn du zum Beispiel „Spezialist für Bäder für Fußballstars“ sein möchtest, wäre das eine extrem spitze Positionierung. Du kannst das hinbekommen, wenn die wichtigsten Voraussetzungen dafür erfüllt sind: Du weißt genau, was Fußballstars wollen, und es gibt in deiner Region auch genügend Stars aus der Szene. Dann kannst du darauf dein Image aufbauen und dir einen Namen machen. Dann bist du in beiderlei Hinsicht spitz aufgestellt.

In der Raumfabrik schaffen wir das nicht, allein wegen der Vielzahl der Gewerke, die bei uns vereint sind. Wir machen alles rund ums Haus: Küchen, energetische Sanierung, Bäder und vieles mehr. Deswegen ist die konsequente spitze Ausrichtung auf Kunden bei uns so wichtig. Wenn es in deinem Fall nicht genügend Fußballstars geben würde, könntest du die beispielsweise auf Sportstars an sich oder auf Promis aus Film und Fernsehen erweitern. Wichtig ist jedoch, dass es ein gemeinsames Merkmal gibt, einen Kittelbrennfaktor, wie ich es gerne nenne, der zum Leitfaden wird.

Genau das haben wir gemacht. Wir sprechen Hausbesitzer an, denen vor allem die Zeitersparnis wichtig ist. Unsere Kunden haben keine Zeit, sich um alles zu kümmern. Sie möchten ein Rundum-sorglos-Paket, das funktioniert. Zu wissen, welchen

Kunden du ansprechen willst, klärt vieles drumherum fast automatisch. Schritt eins ist also zu überlegen, welchen Kittelbrennfaktor hat dein Wunsch- und Idealkunde überhaupt? Brauchen Fußballstars einen speziellen Whirlpool im Bad, um ihre Muskeln mach dem Training zu lockern, eine besondere Art von Entspannungsdusche oder die Sauna neben der Badewanne? Oder ist es der Anspruch an höchste Exklusivität, die sie antreibt, das Bad neu gestalten zu lassen? Was genau ist der Promi-Kittelbrennfaktor? Mit diesem Begriff wird die Tatsache bezeichnet, dass die meisten Menschen erst handeln, wenn es zu spät ist, also wenn sie in Flammen stehen. Dann hat jeder nur ein Ziel: den brennenden Kittel loszuwerden, und zwar so schnell es geht. Wo ist der bei deiner Wunschkunden-Zielgruppe?
Der Kittelbrennfaktor unserer Kunden ist ganz klar fehlende Zeit. Deswegen haben wir ein weiteres Servicekonzept entwickelt, dem eine Kundenbefragung vorausgegangen ist. Befragungen zufriedener Kunden ist übrigens eine wunderbare Quelle, wenn du Ideen für Angebote und Service entwickeln willst. Wir fragten, was für sie nach Beendigung der Renovierungsarbeiten in Bezug auf Handwerker noch hilfreich wäre. Was brauchen sie, wenn unser Auftrag fertig ist? Nicht wenige sagten, dass es dann immer wieder Kleinigkeiten gibt, um die sich keiner mehr kümmert. Sie gaben zu, dass sie sich scheuen, wegen einer Lappalie einen Handwerker anzurufen. Doch meist ist es nicht nur eine Kleinigkeit, sondern mehrere. Also bleibt das Zeug liegen. Irgendwann fängt es an zu nerven und stört vielleicht auch das neue Gesamtbild. Das mindert die Freude am Ergebnis der Renovierung.

Eine Chance für uns: Wir haben ein Servicekonzept entwickelt, das die Kunden für einen kleinen monatlichen Betrag buchen können.

Es beinhaltet, dass einer unserer Mitarbeiter, der fachübergreifend qualifiziert ist, einmal im Jahr vorbeikommt und einen Servicecheck am Haus macht. Dabei schaut er, ob alle Silikonfugen noch in Ordnung sind, führt kleinere Reparaturen aus, kontrolliert, ob Dachabläufe verstopft sind. Was anfällt, wird erledigt.

„Als Unternehmer gilt es herauszufinden, wann und warum beim Kunden der Kittel brennt.“

Bei Kunden, die das Paket ab Fertigstellung der Renovierung buchen, verlängert sich die Gewährleistungsdauer für unsere Arbeiten auf bis zu zehn Jahre. Das ist ein Verkaufsargument, das niemand anderes hat. Obendrein generieren wir mit diesem Konzept feste Einnahmen und sind nicht auf kleine Aufträge angewiesen, die eher eine Belastung wären. Wir schicken den Mitarbeiter vorbei, wenn er ohnehin vor Ort ist und binden automatisch unsere Kunden fester an unser Unternehmen.

Durch dieses Servicekonzept generieren wir auch Folgeaufträge. Wenn unser Serviceleiter bei dem Kunden ist, ist er nicht in der Rolle eines Verkäufers. Dadurch vertrauen ihm die Kunden oft neue Ideen an und erzählen beiläufig, was sie noch gerne verändern würden. Unser Handwerker plaudert mit ihnen darüber und macht damit schon eine Art Vorverkauf. Kommt er zurück, gibt er uns die Details durch. Wir melden uns dann beim Kunden, fahren hin und schließen den Auftrag ab.

Dieses Serviceangebot gibt uns außerdem eine bessere Ausgangsposition bei Preisverhandlungen. Natürlich möchten Kunden einen Nachlass aushandeln. Dafür ist es zweckdienlich, einen bunten Strauß an Angeboten in der Tasche zu haben, um wirklich verhandeln zu können. Immer, wenn du einem Kunden einen Preisnachlass einräumst, darfst du eine Gegenleistung fordern. Die meisten Handwerksunternehmer haben dabei nur einen Joker in der Tasche, fordern damit beispielsweise eine Anzahlung, die einen finanziellen Vorteil für sie hat.

Hat man aber sinnbildlich einen ganzen Strauß bunter Blumen in petto, hat man mehr Spielraum.

So bieten wir in solchen Situationen unseren Kunden beispielsweise an, das Servicepaket für die ersten zwei Jahre kostenlos zu bekommen. Unser Serviceleiter ist ohnehin bei uns angestellt und mit seinem Lohn eingeplant. Ob er zu einem Kunden mehr oder weniger fährt, ist unwesentlich. Für den Kunden ergibt sich folglich ein höherer Mehrwert ohne zusätzlichen Kostenfaktor.

Die Zahlen kann ich in einem Gespräch sehr anschaulich darstellen.

Wenn die Raumfabrik nicht so spitz auf den Kunden positioniert wäre, hätte es sich nicht gelohnt, dieses Konzept zu entwickeln. Denn wenn ich neben meiner Zielgruppe der Premium-Kunden, die wirklich keine Zeit haben und das Rundum-sorglos-Paket wünschen, auch noch alle anderen Kunden bedienen würde, wäre mein Klavier schnell so breit, dass ich nicht mehr darauf spielen könnte. Ein Kunde, der sein Haus renoviert und vier von zehn Gewerken selbst machen will und für die Elektrik seinen Schwager hat, gehört auch nicht zu meiner Zielgruppe. Der könnte sich unser Servicekonzept auch gar nicht leisten.

14

Der Grundstein des Vertrauens: So schaffst du eine solide Basis für nachhaltige Kundenbeziehungen

Kunden gehören ins Rampenlicht. Sie sind Auftraggeber und möchten ihre Wünsche, Anforderungen und Extras gern erfüllt haben. Die zu erfragen, ernst zu nehmen und Pläne umzusetzen, ist deine Professionalität.

Du weißt, was machbar ist und bist in der Lage, die Menschen zu beraten, wenn sie etwas bauen oder umbauen, etwas installiert oder montiert haben möchten. Du bist der Experte, kennst Möglichkeiten und die besten Produkte, die zum Einsatz kommen sollten. Der Kunde weiß das in der Regel nicht und wenn, dann stammt sein Wissen aus der Internet-Recherche. Deines jedoch ist fundiert und ruht auf vielen Jahren alltäglicher Praxis. Darauf kannst du stolz sein. Deine Erfahrung ist wertvoll und dein Wissen darf bei jedem Kundenkontakt und bei jedem einzelnen Auftrag souverän rüberkommen. Achte jedoch im ersten

Gespräch darauf, dass du lediglich die richtigen Fragen stellst und dich mit deinem Fachwissen etwas zurückhältst. Der Redeanteil sollte zu 80 Prozent beim Kunden liegen. Wie möchtest du sonst herausfinden, welche Lösung für den Kunden die richtige ist? Eine strategische Gesprächsführung ist für den späteren Verkaufserfolg sehr wichtig.
Neben dem „ich stehe im Mittelpunkt"-Gefühl erwarten Kunden heute absolute Zuverlässigkeit, um einen Handwerker als kompetenten Fachmann ernst zu nehmen. Darum mein Tipp: Solltest du volle Auftragsbücher und genug Kunden haben, lass das niemanden spüren. Schlechte oder lieblose Beratung und ebensolcher Service sprechen sich schnell herum. Ehe du dich versiehst, bricht die Auftragslage zusammen und aus einem Auftragsloch wieder herauszukommen, ist nicht so einfach. Das hat vor einigen Monaten noch funktioniert, tut es heute und, vor allem in Zukunft, aber nicht mehr. Den Kunden nicht wertschätzend zu behandeln, ist, unabhängig von der allgemeinen Auftragslage, pures Gift für die Kundenbeziehung. Kunden möchten auf fachlicher Ebene immer das Beste haben. Sie sind egoistisch, denn es geht um ihren Geldbeutel und Arbeit an ihrem Eigentum. Ich spreche hier sowohl von handwerklichen Dienstleistungen als auchvon guten Produkten.

// Die Macht der Kundenzufriedenheit

Zufriedene Kunden sind Grundlage für den guten Ruf deines Handwerksbetriebs und ein guter Ruf ist entscheidend für den Erfolg. Ohne zufriedene Kunden wird es schwierig, dauerhaft erfolgreich zu sein. Indem du auf die Bedürfnisse deiner Kunden eingehst und ihnen herausragenden Service bietest, baust du starke Kundenbeziehungen, die langfristig Früchte tragen. Sie werden zur treuen Stammkundschaft, die dich gerne weiterempfehlen, weil sie sich mit dir verbunden fühlen. Sie sind dankbar.

Mit jedem Kunden, dessen Erwartungen du übertriffst, baust du weiter an deinem guten Ruf. Das bedeutet gleichzeitig, du brauchst nicht ständig um neue Kunden zu kämpfen. Sie kommen zu dir. Damit stehst du sehr viel weniger in der direkten Vergleichbarkeit mit Mitbewerbern. Du baust dir ein ganz anderes Ansehen auf. Das stärkt nicht nur das Image deines eigenen Betriebes, sondern trägt auch zu dem der Zunft bei.
Wie du als Handwerksbetrieb wahrgenommen wirst, hängt auch davon ab, wie du und deine Leute auftreten und wie glücklich deine Kunden mit den Leistungen sind. Als Handwerksunternehmer kannst du – wie zuvor beschrieben - jederzeit dem negativen Image mit positiver Leistung entgegenwirken. Wenn jeder Betrieb das tun würde, könnten wir alle zusammen, den Gesamteindruck der Branche revolutionieren und das Handwerk wieder zu dem machen, was es einmal war. Du siehst an den Beispielen aus der Raumfabrik, wie wirkungsvoll kleine Dinge sein können, die über die handwerklichen Auftragsarbeiten hinaus gehen. Darum empfehle ich jedem Unternehmer:

Investiere etwas Zeit und ein paar Gedanken in deine Kundenbindungsmaßnahmen und überlege dir:

/ **1. Wie du das Vertrauen deiner Kunden gewinnen kannst. Ein paar Ideen habe ich beschrieben.**

Überdies ist es wesentlich, dass Kunden das Gefühl bekommen, mit ihren Wünschen, Zielen und Bedürfnissen gehört und verstanden zu werden. Binde sie ein und plane Arbeitseinsätze nicht an ihrem Bedarf oder Ressourcen vorbei.

/ **2. Wie du die Rahmenbedingungen eines Auftrags konkretisieren und für den Kunden transparent machen kannst.**

Wie kannst du dem Kunden die Zeit der Maßnahmen erleichtern und damit auch für euch eine gute Arbeitsatmosphäre schaffen?

/ 3. Welche Faktoren führen zu erfolgreichen Kundengesprächen, welche zu einer unproblematischen Zusammenarbeit?

Versuche das für dich zu analysieren und baue es zukünftig gezielt in die Kommunikation ein.

/ 4. Wie kannst du deine Kunden verblüffen oder überraschen?

Kundenzufriedenheit ist das eine, Begeisterung ist das andere. Echte Begeisterung stellt sich dann ein, wenn du die Erwartungen der Kunden übertriffst.

// Kundenerwartungen verstehen und übertreffen: Der beste Weg, um deine Kunden zu begeistern

Wirst du beispielsweise mit der Sanierung eines Daches, der Erneuerung einer Einbauküche oder dem Bau eines neuen Badezimmers beauftragt, ist die Erwartung deiner Kunden, dass ihr die Arbeiten in der geplanten Zeit und in der vertraglich vereinbarten Qualität umsetzt. Schaffst du das, ist dein Soll erfüllt. Der Kunde ist zwar zufrieden - aber noch nicht begeistert.

Für Begeisterung darfst du die Erwartungen des Kunden deutlich übertreffen. Das kannst du über Emotionen, mit kleinen Extras und mit vertrauensbildenden Maßnahmen machen. Einiges habe ich in meinen Beispielen zuvor beschrieben. Dabei kommt es nicht auf den materiellen Wert der Geste an, sondern auf den Überraschungsmoment und die Wertschätzung, die die Kunden bekommen.

Du siehst an den Beispielen aus der Raumfabrik, wie wirkungsvoll kleine Dinge sein können. Dinge, die über die reine handwerkliche Auftragsabwicklung hinaus gehen.
Wenn der Kunde informiert ist, Vertrauen hat und sicher ist, dass du und dein Team die richtigen sind, wird zudem die Arbeit vor Ort einfacher und angenehmer. Nimm ihn während des Prozesses immer wieder an die Hand und lass ihn teilhaben. Zeige auch erste Teilschritte und lass ihn den Erfolg der Arbeiten sehen. Dazu braucht es nicht viel.

Aus meinen Erfahrungen heraus möchte ich dich ermutigen, darüber nachzudenken, wie du mit deinem Handwerksunternehmen Moment-Erlebnisse und kleine Überraschungen generieren kannst, damit deine Kunden von der Zusammenarbeit nachhaltig beeindruckt und begeistert sind. Nimm dir etwas Zeit, um das zu entwickeln und zu planen. Es ist sinnvoll, sich zu überlegen, wo und wann es Kontaktpunkte zum Kunden auf der Baustelle, aber auch im Umfeld dieser mit deinem Unternehmen gibt. Wie kannst du an welcher Stelle und in welchem Moment gezielt Begeisterung auslösen?

Nimm dir Zeit für ein gemeinsames Brainstorming mit deinem Team. Wenn sie gern bei dir arbeiten, sprudeln sie vor Ideen. Garantiert. Es ist wichtig, alle einzubeziehen, denn sie sind es, die das meiste davon umsetzen, denn sie haben mehr Kundenkontakte als du, der Unternehmer.

„Guter Service ist die Summe vieler Kleinigkeiten und kein riesiges Feuerwerk, das einmal abfackelt."

// Challenge: Begeisterung schaffen und Kundenerwartungen übertreffen

Nimm dir einen Moment Zeit, um eine Liste möglicher Maßnahmen aufzuschreiben, die du zusammen mit deinem Team initiieren könntest.

Gibt es schon etwas, mit dem du Kunden verblüffst?

Wie sehen die Kontaktpunkte von Kunden mit deinem Unternehmen aus?

Wo lassen sich Begeisterung und Überraschungsmomente auslösen?

Was tust du und dein Team, um Kunden das Gefühl von Wertschätzung und Sicherheit zu geben?

Wie gestaltest du den Kundenkontakt auf der Baustelle?

Was gibt es für konkrete Ansatzpunkte vor Arbeitsbeginn?

Wie kannst du den Prozess der Arbeit für den Kunden vereinfachen oder angenehmer gestalten?

Welche Ideen hast du zur Halbzeit, zum Bergfest?

Wie kannst du das Ende der Arbeiten für den Kunden in Szene setzen, sodass er sich wirklich freut?

Notizen /

// Die Kundenkontaktreise: Warum jeder Kontaktmoment eine Chance für einen positiven Eindruck ist

Wie sieht die Kontaktpunktreise bei deinen Kunden aus? Wenn du die kleine Übung gemacht hast, weisst du genau, an welchen Stellen und zu welchem Zeitpunkt, du oder deine Mitarbeiter mit dem Auftraggeber in Berührung kommen. Wahrscheinlich staunst du, wie viele das sind. Je nach Auftrag kann das eine relativ lange gemeinsame Reise ein. Darüber konkret nachzudenken, bringt gute Erkenntnisse. Du wirst feststellen, dass es unterschiedlichste Stellen gibt und weitere sinnvolle geben könnte, an denen Kunden Kontakt mit dir haben. Indirekt und direkt.

Du bist der Reiseleiter, der die Route bestimmt: Sie beginnt beim nicht-persönlichen, indirekten Kontakt über Social Media. Analysiere deshalb zunächst, wie sich dein Unternehmen im Internet präsentiert. Welche Botschaft bringst du auf den einzelnen Kanälen rüber? Ein potenzieller Kunde nimmt einen Post, ein Bild, den Inhalt deiner Seite wahr und bekommt den ersten Eindruck, für den es bekanntlich keine zweite Chance gibt. Klickt er weiter oder bleibt er bei dir? Versuche deine Internet-Auftritte mit den Augen eines Fremden zu sehen, der einen Handwerksbetrieb sucht. Findet er spannend, was er liest? Ist er inspiriert? Sieht er auf den ersten Blick wofür du stehst? Wird er neugierig auf dich und dein Unternehmen? Oder weiß er damit wenig anzufangen und bekommt nicht die Informationen, die er sucht? Wenn er weiterklickt, verlierst du ihn.
Nach einem oder mehreren indirekten Kontakten kommt es zum ersten persönlichen Treffen. Das kannst du aktiv durch dein Auftreten, deine Kommunikation und deine Persönlichkeit bestimmen. Wie inszenierst oder gestaltest du diesen Eindruck oder passiert der einfach? Inszenieren bedeutet, vorab jede Kleinigkeit zu bedenken und in Szene zu setzen: der Look und die Atmosphäre deines Büros, des Besprechungsraumes, aber auch die ersten Worte der Begrüßung. Der Kaffee oder die Getränke,

die du anbietest. Welche Ausstrahlung haben deine Räumlichkeiten? Ist alles einladend und zum Wohlfühlen gestaltet? Welche Bilder hängen an den Wänden? Inspirieren sie, weil sie ausgesucht schöne Ergebnisse eurer Arbeiten zeigen? Präsentieren sie dich und deine Mitarbeiter auf sympathische Art und Weise? Zeigen sie Momentaufnahmen aus dem Betrieb? Die Frage ist: Wie kannst du einem Interessenten, einem potenziellen Kunden während des ersten persönlichen Kontaktes schon ein kleines Erlebnis schaffen und ihn positiv überraschen?

Darüber konkret nachzudenken, lohnt sich. Du wirst feststellen, dass es eine ganze Menge Möglichkeiten gibt, wie Kunden indirekt oder direkt einen positiven Eindruck bekommen können. Sei kreativ. Denke daran: Du bist der Reiseleiter, der die Route der Kundenreise gestaltet. Dazu gibt es ein großartiges Beispiel aus einem Autohaus. Das ist zwar eine andere Branche, aber die Idee lässt sich auch aufs Handwerk übertragen. Man hatte sich dort die Frage gestellt, wie die erste direkte Kundenansprache emotionalisiert werden könnte. Um Ideen zu finden, beobachteten die Mitarbeiter im Verkaufsraum ihre Kunden. Einer sah, dass fast alle männlichen Kunden beim Probesitzen zuerst die aufklappbare Mittelkonsole des Fahrzeugs aufmachen und hineinschauen. Eigentlich ziemlich irrational, trotzdem war es so.

Das Team überlegte, ob und wie sie das nutzen könnten und kamen im Brainstorming auf die Idee, etwas hineinzulegen, das überrascht und eine Botschaft enthält. Sie legten somit eine kleine, in Cellophan verpackte, Schokopraline hinein. Dazu ein Kärtchen mit den Worten: „Herzlichen Glückwunsch, Sie haben mich gefunden! Darf ich Sie im Namen unseres Teams an unsere Espressobar einladen? Denn zu mir passt am besten ein wunderbarer Cappuccino oder ein klassischer Espresso. Dort können Sie in Ruhe mit unserem Verkaufsberater besprechen, welches Fahrzeug perfekt zu Ihnen passt. Er erklärt alles und beantwortet Ihre Fragen zu allen Fahrzeugen in unserer Ausstellung."
Ein ebenso verblüffendes Beispiel gibt es im Hotel Schindlerhof in Nürnberg. Für mich ein hervorragendes Exemplar dafür, wie

einfach es ist, emotionale Kontaktmomente in die Kundenkontaktreise einzuplanen und Überraschungsmomente zu schaffen. Dort dachte man darüber nach, welcher kleine Service für die Gäste, zu welcher Zeit im Jahr, an welcher Stelle im Hotel überraschend wäre. Was ist im Sommer relevant? Wo drückt der Schuh im Winter? Sie sammelten eine Menge Ideen.

Eine davon: Im Winter wird jeden Morgen ein Eimer frisches Wasser mit sauberen Wischern in die Tiefgarage, in der Nähe der Ausfahrt, gestellt. Wer will, kann dort die verschmierte Windschutzscheibe des Wagens von den Streusalzspritzern befreien. Gäste brauchen nicht zur nächsten Tankstelle zu fahren, sondern machen das mit ein paar Handgriffen bequem in der warmen Garage. Solche kleinen Services gibt es im ganzen Hotel, an den verschiedensten Stellen. Sie sind sehr kreativ, was Service betrifft. Die großen, aber eben auch die kleinen Ideen, die fast nichts kosten. Jede Einzelne soll den Gästen den Aufenthalt noch etwas angenehmer machen.

// Die Bedeutung der Bauabnahme: Warum sie ein entscheidender Moment ist, um ein positives Kundenerlebnis zu schaffen

Was im Autohaus oder Hotel möglich ist, funktioniert auch in einem Handwerksbetrieb und auf der Baustelle. Ein Moment, der für Kunden sehr viel emotionaler und aufregender gestaltet werden könnte, als er üblicherweise durchgeführt wird, ist die Bauabnahme. Ein wichtiger Augenblick, sowohl für Kunden als auch für dein Unternehmen. Die Arbeiten des Auftrags sind beendet. Kunden sehen dem zwar aufgeregt entgegen, gleichzeitig spüren sie eine grosse Verpflichtung. Sie sollten die Handwerkerarbeiten abnehmen. Das verursacht nicht selten ein mulmiges Gefühl, schon allein deshalb, weil der Begriff „Abnahme“ etwas angsteinflössend ist. Was ist, wenn man etwas übersieht?

„Unser Anspruch ist es nicht nur, einen guten Service zu leisten, sondern wir wollen Künstler sein in Sachen Herzlichkeit.

Dazu gehört ein großes Maß an Wachheit und Aufmerksamkeit in jedem Augenblick."

Hotel Schindlerhof, Nürnberg

Die meisten glauben, dass sie, wenn sie etwas abgenommen - also für gut bewertet haben, nach der Abnahme keine Ansprüche an Ausbesserung oder Nacharbeit stellen können. Sie glauben, wenn sie ihr OK gegeben haben, jedoch später noch einen Mangel entdecken, können sie ihn nicht mehr geltend machen. Das ist juristisch falsch. Aber das wissen die wenigsten Kunden und sehen diesem Moment der Bauabnahme mit gemischten Gefühlen entgegen. Ist das nicht ein hervorragender Augenblick, um positive Gefühle zu wecken?
In der Raumfabrik haben wir lange überlegt, wie wir den Kunden diese Angst nehmen können. Dafür haben wir zuerst einen anderen, weniger vorbelasteten Begriff gewählt. Den Prozess der Bauabnahme mit dem „Abnahmeprotokoll", das wie gewohnt schriftlich dokumentiert wird, nennen wir den „Zieleinlauf". Allein das assoziiert positive Bilder und man denkt an einen erfolgreich beendeten Marathon. Statt der üblichen Restarbeiten- oder Mangelliste gibt es bei uns den Titel: „Folgende Dinge sind auf der Strecke geblieben". Das ist eine völlig andere Formulierung. Sie erzeugt andere Emotionen. Rechtlich gesehen ist kein Unterschied, doch dem Kunden nehmen wir den Druck der Bauabnahme und geben ihm ein viel positiveres Gefühl. Das tun wir bewusst auch schon im Vorfeld, wenn wir ein paar Tage vorher ankündigen, dass wir uns auf der Zielgeraden befinden und Ende der Woche gemeinsam den Zieleinlauf machen. Dann erklären wir, dass der Bauleiter oder ich persönlich vorbeikommen und wir uns gemeinsam alles anschauen und festhalten, ob vielleicht irgendetwas auf der Strecke geblieben ist. Das wird zeitnah nachgearbeitet.
Im Privatkundenbereich, um den es in diesem Buch in erster Linie geht, kannst du mit diesen kleinen Wortspielen viel erreichen. Bei uns ist der gesamte Prozess bis zur Rechnungsstellung genau durchgestylt und auf viele kleine positive Eindrücke hin optimiert. Es macht allein einen Unterschied, ob du die Rechnung einfach an den Kunden schickst oder ob du ein freundliches Begleitschreiben beilegst. Darin gratulieren wir dem Kunden zu seinem neuen Badezimmer und legen einen Gutschein für zwei Gläser Sekt in einer lokalen Bar um die Ecke bei. Das

kommt unglaublich gut an, kostet wenig und löst im Kunden Freude aus, die meist gleich mit Freunden und Bekannten geteilt wird. Das ist kostenlose Werbung für uns.
Lass dich von meinen Ideen und Möglichkeiten inspirieren. Nimm diese Strategien und setze sie um, lass dir andere einfallen. Denkt gemeinsam im Betrieb darüber nach, welche Aktivitäten die Handschrift deines Unternehmens tragen könnte. Wie ihr eine aufregende Kundenkontaktreise planen und umsetzen könntet. Überrasche Kunden, wo sie es nicht erwarten. Auch mit dem Angebot, das du für sie erarbeitest.

// Was hat die Angebotsgestaltung mit der Positionierung und deinem Wunschkunden zu tun?

Um es kurz und knapp zu formulieren: sehr viel! Lass mich das anhand der Raumfabrik erklären. Unsere Angebote und auch die unserer Tischlerei sind keine genormten Standards, sondern individuelle Lösungsvorschläge. Das zeichnet uns aus. Wir gestalten sie genauso individuell wie die Planungen für unsere Kunden. Die bekommen nicht etwa ein Blatt Papier mit ein paar Positionen und Zahlen dahinter, sondern eine anspruchsvoll gestaltete Mappe, die signalisiert, dass wir ein Leistungspaket anbieten und kein Sammelsurium von Einzelleistungen. Unser Anspruch an Optik, inhaltliche Aufmachung und verbaler Beschreibung ist hoch. Jede Position in unseren Angeboten ist so formuliert, dass der Kunde es sofort verstehen und sich bildlich vorstellen kann. Produktvorteile werden mit Bildern untermauert. Der Nutzen ist klar herausgearbeitet. Wir machen das Angebot nicht zu einem Schmerzmoment mit Preis darunter, sondern zu einem Fest für die Sinne. Es ist ein Genuss, diese Mappe zu öffnen und sich darin zu vertiefen. Wir gestalten die Lösungen so bildhaft, dass der Kunde sich vorstellen kann, wie schön das neue, renovierte Zuhause wird.

Wenn ein Kunde so abgeholt wird, ist er eher gewillt, „Ja“ zu sagen, weil er merkt, dass wir ihn verstanden haben. Da heben wir uns deutlich ab, denn ich schätze, 90 Prozent aller Angebote von Handwerksbetrieben sind für Laien unverständlich formuliert. Das verunsichert. Deshalb passiert es so häufig, dass Kunden eine zweite Meinung einholen. Eine zweite Meinung bedeutet ein zweites Angebot. Das bedeutet Konkurrenz für dich!

Wir schaffen mit dem Angebot eine Wertigkeit, die überzeugt. Da wäre eine zweite Meinung fehl am Platz. Wir wollen durch die Qualität der Präsentation überzeugen und erreichen, dass der Interessent das Niveau auf die Qualität unserer Arbeit projiziert. Die transparente Darstellung schafft eine echte Vertrauensbasis, die dem Kunden Sicherheit gibt.

Wichtige Werte in der Kundenbeziehung sind Vertrauen und Sicherheit. Für die Kunden ist es eine Entscheidung mit Tragweite, bei wem sie etwas in Auftrag geben. Einen Küchenumbau, einen neuen Kamin, einen anderen Fußboden, ein innovatives Beleuchtungskonzept oder eine Bad-Umgestaltung macht man nur alle zehn Jahre. Das sind langfristige Entscheidungen und große Investments, selbst für Menschen, die viel Geld haben. Dazu braucht es Vertrauen und Sicherheit.

In der Raumfabrik war Kundenauswahl und Angebotspräsentation nicht immer so. Diese edle Variante haben wir erst seit etwa sieben Jahren. Da hatten wir aber noch nicht nur High-End-Kunden. Ich erinnere mich, dass Kunden bei der Angebotspräsentation zu uns sagten: *„Es ist kein Wunder, dass unsere Leistungen so teuer sind. Allein die Mappe kostet ein Vermögen.“* Das war der Moment, in dem ich realisiert habe, dass es richtige und falsche Kunden gibt. Das waren die falschen. Unsere Kunden heute erwarten es fast, solch eine hochkarätige Präsentation des Angebots zu erhalten. Würden wir denen eine billige Klarsichthülle mit dem Angebot überreichen, würden sie sofort Abstand nehmen. Natürlich müssen diese Dinge einkalkuliert werden, auch unsere große Ausstellung mit exklusiven Produkten. Keiner unse-

„Die Raumfabrik zeigt, wie es möglich ist, sich sehr spitz auf eine Kundenzielgruppe zu positionieren."

rer Kunden würde sich jedoch darüber beschweren, dass er eine Mappe bekommt, die allein schon sechs Euro kostet. Sie wissen diese Geste zu schätzen.

Das brauchst du natürlich nicht so umzusetzen. Was du jedoch mitnehmen kannst:

Denke dich in deine Kunden hinein, versuche ihre Sprache zu sprechen, ihre Wünsche zu erkennen und ihr Niveau zu treffen.

Das erwarten sie von dir. Wenn du den Nerv triffst, spiegeln sie es dir mit einer Unterschrift unter dem Auftrag wider. Kundennutzen im Fokus: Wie deine Positionierung zu Angeboten führt, die den Bedürfnissen deiner Zielgruppe entsprechen.

Noch einmal zurück zum Thema „Positionierung und Kundenzielgruppe“. Wir in der Raumfabrik haben uns viele Gedanken darüber gemacht, welche Serviceleistungen unseren High-End-Kunden zusätzlichen Mehrwert bieten könnten. Daraus haben wir das Angebot entwickelt, während der Renovierungsarbeiten im Raumfabrik-Appartement zu wohnen. Die meisten Kunden haben das Problem, nicht zu wissen, wo sie hin sollen, während ihr Zuhause saniert wird. Viele haben beispielsweise nur ein Badezimmer. Wenn das gerade erneuert wird, ist es ein Problem. Darum kamen wir auf die Idee, die Einliegerwohnung meines Hauses dem Kunden zur Verfügung zu stellen. Ein ganz besonderes Angebot, das uns definitiv von der Konkurrenz abhebt. Es verfehlt seine Wirkung nicht, auch wenn es so gut wie gar nicht in Anspruch genommen wird. Es hat einen unschätzbar positiven Effekt.
Nicht jedes Handwerksunternehmen hat High-End-Kunden mit dem entsprechenden finanziellen Hintergrund als Zielgruppe. Vielleicht sind meine Ideen nicht auf deinen Betrieb übertragbar. Müssen sie auch nicht. Doch sie zeigen, dass es möglich ist, sich sehr spitz auf eine Kundenzielgruppe zu positionieren und damit erfolgreich zu sein. Lass dich inspirieren und entwickle eigene Ideen, wie du die Reise deiner Kunden gestaltest und wie du ihnen Vertrauen und Sicherheit gibst.

15

Die richtigen Kunden finden: Erfolgreiche Vorqualifikation von Anfragen

Es stellt sich die Frage: Wie weißt du, ob eine bestimmte Kundenzielgruppe die richtige für dein Unternehmen ist? Meine Antwort: Sprich mit ihnen. Die Vorqualifikation findet im besten Fall telefonisch statt. Das bedeutet, mit einem geringen Aufwand hast du den größtmöglichen Nutzen.

Du stellst dem Kunden vorbereitete Fragen, erfährst, was er möchte, und entwickelst aus den Antworten ein Gespür, ob es passt oder nicht. Und weil es immer die gleichen Fragen sind, die ausnahmslos nach einem Telefonskript gestellt werden, kannst du auch alle Anfragen sehr gut miteinander vergleichen und auswählen, welche Anfrage du mit welcher Priorisierung verfolgst. Außerdem kann dieses Vorgespräch von jedem Mitarbeiter geführt werden. Vorbei sind die Zeiten, in denen du abends nicht weißt, welchen Rückruf du als erstes tätigen sollst, vorbei sind die Zeiten, die du bei Kunden vor Ort verbringst und dort feststellst, dass der Kunde eigentlich gar nicht zu deinem Unternehmen passt.

// Angebotsgestaltung mit Planungsleistungen zur Kundenselektierung

Das zweite Selektionskriterium kann der Verkauf von Planungsleistungen sein. Wenn Kunden zu uns kommen und sagen: „Wir wollen unser Bad neu machen lassen und Gestaltung ist uns wichtig“, dann sprechen wir am Telefon bereits über die Ausgabenbereitschaft des Kunden, insbesondere was die Leistungen im Vorfeld betrifft. Dann erklären wir die Schritte, sprechen von den Planungsleistungen und deren Kosten. Kunden bekommen dann von uns ein Angebot über die Planung und ein weiteres über die handwerkliche Leistung, die zur Umsetzung benötigt wird. Wir trennen beide Bereiche und halten sie so transparent wie möglich. Unser Vorteil ist: Wenn jemand in die Planung investiert, rentiert sich das später bei der Umsetzung. Spinnen wir das Beispiel mal weiter: Nehmen wir mal an, unser Kunde zahlt 4.000 EUR für die aufwendige Planung des Badezimmers. Darauf basierend kann der Handwerksbetrieb – in diesem Fall wir, genaue Kosten kalkulieren und ein exaktes Angebot für die Umsetzung abgeben.

Nehmen wir mal weiter an, unser Kunde will sechzigtausend Euro investieren. Ohne Vorplanung lassen sich manche Dinge nur grob schätzen, nicht aber exakt kalkulieren. Darum rechnen Handwerker ohne diese Vorplanung in der Regel zehn Prozent Sicherheit ein, was in dem Beispiel 6.000 EUR wären. Bei uns nicht: Da unser Kunde die Planung für 4.000 EUR beauftragt hat, spart er bereits an dieser Stelle 2.000EUR. Genau mit diesem Argument verkaufen wir unsere Planungsleistungen.

Merke: Kunden werden eine Planungsleistung nur vergüten, wenn du ihnen die Vorteile hinter der Planung auch aufzeigen kannst. Kunden kaufen nur Vorteile, nichts anderes.

Vorplanung hat noch einen weiteren, unschlagbaren Vorteil: Man sieht das Bad genau vor sich, wenn man auf die moderne, gut ausgearbeitete dreidimensionale Planung schaut. Kunden

„Wie findest du heraus, ob ein Kunde zu dir passt und auch, ob du das richtige Unternehmen für ihn bist?“

sehen vorab das Ergebnis und haben mehr Entscheidungssicherheit. Durch Vorplanung wird die reine Handwerkerleistung nicht teurer oder aufwendiger, selbst bei kleinen Änderungen. Das bedeutet beispielsweise, ob das Waschbecken an der geplanten Stelle ist oder vielleicht doch um dreißig Zentimeter nach links installiert wird, beeinflusst den Preis des Waschbeckens nicht. Aber vielleicht ist die neue Lösung, die aufgrund der Vorplanung entstanden ist, besser für das gesamte Raumbild.

Deswegen lautet unser Vorsatz: „Erst grübeln, dann dübeln. Also erst nachdenken, planen und zeichnen. Eine gute Planung ist Grundvoraussetzung für eine erfolgreiche Bauabwicklung."

Wie bereits erläutert, mit genau den vorgenannten Vorteilen einer innenarchitektonischen Planung überzeugen wir unsere Kunden, in eine Planung zu investieren. Weil es tatsächlich sinnvoll ist.

In diesem ersten, selektiven Gespräch fragen wir in der Raumfabrik bereits gezielt die Ausgabebereitschaft ab, denn unsere Projekte sind meistens mit aufwendigen Planungen verbunden. Es hat sich bewährt, das schon in der Vorselektion zu machen. Um erfolgreich und zielgerichtet im Verkauf zu arbeiten, ist eben der erste Schritt, die Ausgabenbereitschaft der Kunden herauszufinden. Mache das auch bei deinen potenziellen Kunden. Es ist elementar zu wissen, ob deine Firma in der Lage ist, die Aufgabe des Kunden umzusetzen, also seine Wünsche zu erfüllen und ob seine Vorstellungen überhaupt mit dem kompatibel sind, was er bereit ist zu investieren. Wenn beides nicht zusammenpasst, ist es meist besser, einen Auftrag abzulehnen und keine Zeit mit Planung und Angebotserstellung zu verschwenden. Im nächsten Kapitel beschreibe ich genau, wie du die Ausgabebereitschaft als Teil des Verkaufsprozesses abfragst.

Mit einem, wie oben beschriebenen, Selektionsgespräch umgehst du, dass du mit den „falschen" Kunden zusammenarbeitest. Mit Kunden, deren Vorstellungen nicht mit deinen Kompetenzen zusammenpassen. Das kann menschlich, finanziell oder fachlich sein. Doch nur so vermeidest du Fehlkosten für Angebote, die geschrieben, aber abgelehnt wurden. Wir in der Raumfabrik gehen erst dann in eine Angebots- und Planungsphase, wenn diese finanziellen Parameter genau geklärt sind. Damit vermeiden wir hohe Ausfallquoten, die bei manchen Handwerksbetrieben bei bis zu 80 Prozent liegen. Das heißt, sie bekommen nur in einem Fünftel der Fälle tatsächlich den Zuschlag, haben aber bei den restlichen vier Fünfteln dieselbe Vorarbeit für die Angebotserstellung. Das liegt aber nicht nur daran, dass die Vorqualifikation der Anfragen nicht gut genug war, sondern es liegt an dem nicht vorhandenem Verkaufsprozess.

16

Verkaufen will gelernt sein: Handwerker sind im Verkauf wie Heimwerker beim Handwerken

Als Handwerker kennst du dich in deinem Fachgebiet bestens aus und weißt genau, welche Schritte du bei der Umsetzung eines Kundenauftrags absolvieren musst. Anders beim Verkaufen.

Meine sicher provokative These lautet: Handwerker sind im Verkauf wie Heimwerker beim Handwerken. Was meine ich damit? Den Unterschied zwischen einem Heimwerker und einem Handwerker in handwerklicher Hinsicht kennst du. Du hast deinen Beruf von der Pike auf gelernt. Man kann dir in Bezug auf einzelne Arbeitsschritte oder den Einsatz der richtigen Materialien nichts vormachen. Wenn du ein Dach deckst, einen Schrank baust, eine Wandfläche neu verspachtelst oder Fliesen in ein neues Bad legst, weißt du, mit welchem Schritt die Arbeiten beginnen und wie die weiteren Abläufe sind. Du weißt an welcher Stelle du welches Werkzeug brauchst und du

kannst es fachkundig benutzen. Du hast nicht nur gelernt, wie man damit umgeht, sondern du bringst Profiwerkzeug mit auf die Baustelle und lieferst im Vergleich zu einem Heimwerker allein aufgrund dessen ein besseres Ergebnis ab.
Der Heimwerker macht das Handwerk als Hobby. Er hat den Beruf nicht gelernt. Der Heimwerker fährt, im Gegensatz zu dir, samstags in den Baumarkt, holt sich irgendeinen Krempel und fängt einfach mal an. Er kennt weder die einzelnen Arbeitsschritte, noch hat er das richtige Werkzeug. Echtes, leistungsstarkes Profiwerkzeug bekommt er auch nicht im Baumarkt; es würde sich für ihn auch nicht lohnen. Damit ist sein Arbeitsergebnis – selbst bei viel Geschick – im Vergleich zum Profi-Handwerker immer deutlich schlechter.

Zurück zu meiner These: Im Verkauf sind wir Handwerker Heimwerker. Hand aufs Herz: Wer von uns hat Verkaufen von der Pike auf gelernt? Wir gehen an das Thema heran wie ein Heimwerker ans Dachdecken: So wie wir glauben, dass es richtig ist. Unprofessionell. Aus dem Bauch heraus. Wahrscheinlich so, wie wir es mal aufgeschnappt haben. Vielleicht bei den Eltern, vom Vorgesetzten oder wie uns mal jemand etwas Größeres verkauft hat.

Wir wissen wenig darüber, kennen die einzelnen Schritte nicht, die aufeinanderfolgen müssen, um danach einen Abschluss in der Hand zu haben. Wir kennen auch nicht die entscheidenden Werkzeuge im Verkaufsprozess. Wenn doch, dann mit Sicherheit nicht alle, und vor allem sind wir nicht trainiert, sie auf Knopfdruck souverän einzusetzen. Deswegen funktioniert unser Verkaufen eher nach dem Zufallsprinzip oder mit großen Preisnachlässen.

Verkaufsabschlüsse von Handwerkern sind im Regelfall:

- schlechter
- ineffektiv
- dauern länger
- unter Preis

Mit Leidenschaft
zum Verkaufserfolg:
Kunden begeistern und
Abschlüsse erzielen.

Lass uns gemeinsam in das Thema „Verkaufen“ abtauchen. Ich gebe dir einen strukturierten Ablauf für Verkaufsgespräche an die Hand, damit es dir zukünftig Spaß macht, zu mehr erfolgreichen Abschlüssen führt und zu einer Wertschöpfung in deinem Unternehmen führt. Ziel ist, dein verkäuferisches Können auf dasselbe Level wie deine handwerklichen Fähigkeiten zu heben. Wir alle wissen, in Deutschland sind Verkäufer nicht besonders angesehen. Viele Menschen haben Vorbehalte, sich in einem Geschäft von jemandem beraten zu lassen, weil sie denken, der Verkäufer wolle ihnen unbedingt etwas verkaufen, anders ausgedrückt: ihnen etwas andrehen. Dabei ist das Beste, was einem Kunden passieren kann, ein guter Verkäufer. Denn er analysiert sorgfältig das Problem des Kunden und unterbreitet dann eine passende Lösung. Diese Lösung hätte der Kunde vielleicht selbst gar nicht im Blick gehabt. Damit sich Kunden auf Beratung und Verkaufsgespräch einlassen, benötigen sie Vertrauen und wollen sich gehört und verstanden fühlen. Haben sie das Gefühl, der Verkäufer tut das und präsentiert eine Lösung, die sich schlüssig anfühlt, ist man auch bereit, den Preis für diese Lösung auszugeben.

Eben, weil es eine maßgeschneiderte und somit die bestmögliche ist. Eine qualifizierte Beratung und ein qualitativ hochwertiges Produkt sind ehrliche Kaufanreize. Dafür sind Kunden offen. Überreden hilft nichts, da wird unweigerlich Kauf-Reue entstehen. Schlussendlich setzt sich im Handwerksbereich die Qualität – oder im Verkaufsgespräch das Vertrauen in die zu erwartende Qualität durch.

Handwerker schaffen Werte.

Ein Hausbau oder eine Wohnungsrenovierung, auf Maß getischlerte Möbel oder die Autoreparatur sind nachhaltige Werte. Entscheidet man in diesen Bereichen nur nach dem Preis, kann das wie ein Bumerang zurückkommen. Das wissen Kunden, denn viele haben nicht nur positive, sondern auch weniger gute Erfahrungen gemacht. Sie wissen, dass sich sparen im Handwerksbereich nicht lohnt. Bei einem mangelhaften Ergebnis müssen die Arbeiten ein zweites Mal ausgeführt werden – und kosten dann natürlich auch ein zweites Mal Geld. Eine systematische Beratung und ein professioneller Verkaufsprozess sind daher gewinnbringend für beide Seiten – für den Kunden wie für den Handwerker. Der Kunde erhält eine individuelle Lösung nach seinen Wünschen, der Unternehmer verkauft seine Leistung und sein Produkt zu einem angemessenen Preis.

Es ist kein Wunder, dass sich die meisten Handwerker beim Verkaufen ihrer Leistungen unsicher und unerfahren fühlen. Sie haben keine klaren Strukturen im Verkaufsprozess. Viele wissen auch nicht, wie sie sich richtig vorbereiten können. Der Verkauf ist jedoch der entscheidende Faktor für den Erfolg eines Unternehmens und zugleich auch der schwierigste.

Das ist wie im Sport: Nur der Beste, Schnellste oder wer den Ball einmal mehr als die anderen ins Tor schießt, gewinnt.

Wenn du aus einer starken Positionierung heraus, mit einer guten Vorbereitung und dem Wissen der richtigen Schritte deine Leistungen verkaufst, siehst du plötzlich Verkaufen unter einer ganz anderen Voraussetzung und – wirst es lieben. Versprochen.

Um Fehler beim Verkaufen zu vermeiden, nimmt das Thema bei uns einen großen Raum ein. Wir tauchen in jeden einzelnen Schritt tief ein, viel tiefer als ich es hier im Buch darstellen kann. Dennoch versuche ich, dir die wesentlichen Faktoren so zu veranschaulichen, dass du sie umsetzen kannst. Mach dir keine Sorgen, es ist nie zu spät, diese Fähigkeiten zu entwickeln oder zu verbessern und damit das eigene Unternehmen auf die nächste Erfolgsstufe zu bringen. Ich habe es geschafft und mit den richtigen Methoden schaffst du es auch.

„Verkaufen ist wie Sport: Nur der Beste, Schnellste oder wer den Ball einmal mehr als die anderen ins Tor schießt, gewinnt.“

17

Verkaufserfolg durch Struktur: Die klaren Schritte eines perfekten Verkaufsprozesses

Kommen wir nun also zur Struktur des Verkaufsprozesses. Er ist vergleichbar mit einer Leiter. Man kann nur nach oben kommen, wenn man Schritt für Schritt die einzelnen Sprossen hochgeht.

Es ist unmöglich, von der untersten bis zur obersten Sprosse hochzuspringen. So ist es auch beim Verkaufen: Man muss Schritt für Schritt durch den Prozess, jede Sprosse einzeln, nirgends abkürzen oder etwas vernachlässigen, um erfolgreich das Ziel „Abschluss und Auftrag bekommen" zu erreichen.

Im handwerklichen Bereich geht es oft um mehr als kleine Anschaffungen. Entsprechend höher sind die finanziellen Investitionen und desto wichtiger ist es, die Schritte sorgfältig zu gehen. Lass uns beginnen.

// Schritt eins: die Kontaktphase

Verkaufen beginnt mit der Kontaktphase. Die besteht aus nicht-persönlichen und persönlichen Kontakten. Vor dem ersten persönlichen Kontakt gibt es immer einen oder mehrere nicht-persönliche Kontaktpunkte. Ziel eines jeden ist, möglichst viel Vertrauen bei potenziellen Kunden aufzubauen, sodass sie neugierig auf dein Unternehmen werden.

Wenn du, besser gesagt, dein Unternehmen, unsympathisch oder unprofessionell rüberkommst, verschwindest du wieder aus der Wahrnehmung dieses Menschen und der Kontakt ist beendet, bevor er richtig begonnen hat. Das sind manchmal nur Bruchteile von Sekunden. Das Schlimme ist, du erfährst niemals davon und bekommst auch keine Chance, das zu ändern.

Du hast dir inzwischen sicher Gedanken gemacht, wie dein Unternehmen nach außen wirkt. Was denkst du? Sympathisch oder unsympathisch? Professionell oder chaotisch? Wie treten deine Mitarbeiter auf? Wie sind deine Baustellen? Wie deine Internet-Profile? Welches Image strahlt dein gesamtes Unternehmen aus?

Zunächst ist die Außenwirkung deines Unternehmens im nicht-persönlichen Kontakt entscheidend. Es gibt Stellen, an denen du dich potenziellen Kunden präsentierst, ohne dass du aktiv bist oder einen Einfluss nehmen kannst. Das passiert auf deiner Website, den Social-Media-Plattformen, deinen Fahrzeugen, der Fahrzeugbeschriftung, aber auch über das Firmengebäude. Der erste Eindruck wird bestimmt durch alles, mit dem du, deine Mitarbeiter und dein Unternehmen nach außen sichtbar sind.

Daneben gibt es den digitalen Auftritt: jeder Post, jeder Beitrag, jedes Foto, das online steht, spricht jemanden an oder törnt ihn ab. Jeder einzelne Sichtbarkeitspunkt, persönlich, wie nicht-persönlich, ist ein Moment auf einer Kundenkontaktreise, deren Route du weitgehend selbst bestimmen kannst. Jeder einzelne wirkt für sich und schafft einen ersten Eindruck, für den es keine zweite Chance gibt. Du bestimmst, ob er positiv oder negativ ist. Neugierig macht oder langweilt. Achte darauf, dass deine Markenbotschaft an jedem einzelnen Punkt so dargestellt ist, wie du sie auch nach außen bringen möchtest. Sie darf Menschen zeigen, wofür du mit deinem Unternehmen stehst. Wie deine Positionierung, deine Expertise, wie deine Spezialisierung und auch, wie deine Unternehmensbotschaft ist.

Einer der oft unterschätzten nicht-persönlichen Kontaktpunkte, die ein Kunde mit einem Handwerksunternehmen hat, sind deine Firmenfahrzeuge. Wie sehen deine Fahrzeuge aus? Sind die Fahrzeuge, mit denen deine Mitarbeiter unterwegs sind, Visitenkarten deines Unternehmens und zeigen nach außen die Qualität, die ihr bietet? Noch wichtiger: Wie sehen die Fahrzeuge von innen aus? Stichwort Armaturenbrett: Eine dreckige Handwerkerkarre hinterlässt einen anderen Eindruck als ein sauberes Montagefahrzeug. Herumliegende Coladosen, Zeitung, Müll oder Ähnliches sollte nicht zu sehen sein.

Auch die Baustellen tragen zum äußeren Eindruck bei. Der Zustand einer Baustelle, also was herumliegt, wie Geräte, Werkzeug und Materialien platziert sind, hat zwar keine direkte Aussagekraft bezüglich der handwerklichen Qualität, denn auch auf einer chaotischen Baustelle kann die Arbeit top sein. Jedoch kann ein Kunde das nicht beurteilen und darum wird er seine Schlüsse auf die Handwerksleistung vom Gesamtbild schließen. Ein anderes Kriterium hat er nicht. Das geschieht meist unbewusst. Der Kunde schließt also zwangsläufig von dem Zustand deiner Baustelle auf die Qualität deiner Arbeit.
Bei uns gelten für Baustellen zwei Grundregeln, die Vorschrift für jeden unserer Leute sind. Erstens: Baumaterialien werden rechtwinklig zueinander platziert, das lässt auf strukturiertes Arbeiten schließen. Zweitens: Bauschutt und nicht mehr benötigtes Material wird täglich entsorgt. Neben der negativen Wirkung, die eine ungepflegte Baustelle hat, hindert herumliegender Müll oder unordentliche Materialien auch deine Mitarbeiter daran, vernünftig zu arbeiten.

„Bist du dir sicher,
wie dein Unternehmen
nach wirkt?“

Die dritte nicht-persönliche Kontaktpunktart ist der digitale Auftritt. Dazu zählen deine Website ebenso wie die diversen Social-Media-Präsenzen auf Facebook, Instagram, LinkedIn, je nachdem, wo du vertreten bist. Wie sieht deine Unternehmenswebsite aus? Mit welchen Texten und Bildern präsentiert sich dein Betrieb? Kann ein möglicher Interessent auf den ersten Blick erkennen, was dein Betrieb macht und was das Besondere an deiner Leistung ist? Welche Inhalte werden transportiert? Die Website ist der wichtigste nicht-persönliche Kontaktpunkt. Jeder Kunde, der über Empfehlungen oder Social Media auf dein Unternehmen aufmerksam wird, schaut zuerst auf die Website. Bei 90 Prozent aller Websites, nicht nur im Handwerk, ist die Positionierung dort aber leider nicht sofort erkennbar.
Was ist hier zu beachten? Wichtig ist, dass du als Firmeninhaber zu sehen bist, am besten mit deiner Kernbotschaft als kurzes Video direkt auf der Startseite. Mindestens aber mit einem vertrauenerweckenden Foto. Wenn du dich als Unternehmer zeigst, schafft das Sympathie. Das heißt, wenn du mit deinem Unternehmen für Zuverlässigkeit, Seriosität und Vertrauen stehst, sollten nicht nur die Website, sondern alle deine Kontaktpunkte vertrauenerweckend aussehen. Wie du dich dabei präsentierst, hängt von deiner Positionierung ab.

Möchtest du hochwertiges Design verkaufen, brauchst du eine entsprechende Website, die das vermittelt. Wenn Design eine der Markenbotschaften deines Unternehmens ist, mach das auch mit dem Design der Fahrzeugaufschriften, der Firmenschilder, der Büros und Werkhallen sichtbar.

Noch ein wichtiger Punkt zum Thema Vertrauen. Mache dir immer wieder bewusst, dass der Kunde unsere Leistung nicht Probe fahren kann und er im Regelfall verhältnismäßig hohe Summen in die Hand nimmt. Daher ist der Aufbau von Vertrauen für die Kundengewinnung exorbitant wichtig. Das größte Vertrauen kannst du mit positiven Kundenbewertungen, Kundenstimmen und Referenzvideos aufbauen. Sorge dafür, dass du eine Referenz von deinen TOP Kunden bekommst. Oft höre ich als Antwort, dass die Kunden nicht bereit seien, mit ihrem Namen und ihrem Objekt zu werben. Meine These: Sind sie doch. Du musst nur wissen wie das geht.

// Schritt zwei: die Informationsphase mit Bedarfsanalyse

Nach einem oder mehreren nicht persönlichen Kontaktmomenten kommt es zum ersten Gespräch. Jetzt gilt es, den ersten, nicht-persönlichen, Eindruck des Kunden positiv zu verstärken. Sympathie aufzubauen. Vertrauen zu schaffen und zu erfahren, was er benötigt. Du gehst in direkten Kontakt, sammelst Informationen und machst eine qualitative Bedarfsanalyse. Das kann am Telefon, im Videoanruf oder bei einem persönlichen Treffen sein.

Findet das erste Gespräch am Telefon statt, gibt es ein paar Regeln zu beachten. Kleinere Handwerksbetriebe denken meist nicht besonders intensiv darüber nach, wie sie am Telefon wirken. Große Unternehmen schon. Doch der erste Kontakt ist enorm wichtig. Wusstest du, dass die ersten drei Sekunden eines Telefongesprächs darüber entscheiden, ob ein Interessent mit dir weitersprechen oder direkt wieder auflegen möchte? Wie läuft bei dir ein solcher Anruf ab? Nimmst du ankommende Gespräche selbst an oder macht das ein Mitarbeiter? Wie meldest du dich? Klingt das einladend? Seriös? Oder eher gehetzt, weil du auf dem Sprung bist?

Ziel dieses ersten Gesprächs ist, Informationen zu bekommen und eine Bedarfsanalyse zu machen.

Wenn du in dieser Phase oberflächlich arbeitest und dir nicht die Zeit nimmst, die richtigen Fragen zu stellen und genau zuzuhören, wirst du auch nicht erfahren, was genau dieser potenzielle Kunde möchte. Versuche möglichst viel zu erfahren: Was sucht dieser Mensch? Was sind die tatsächlichen Beweggründe und Kaufmotive für seine Renovierung, den Ein- oder Umbau, die Badsanierung? Wie benennt er seinen konkreten Wunsch mit seinen eigenen Worten? Höre genau zu und notiere alles Wesentliche. Interessant ist auch, was ist das für ein Mensch? Passt dieser Kunde zu dir und andersherum: Passt dein Unternehmen zu ihm?

Um das alles herauszufinden, stellst du – in der Rolle des Unternehmers – Fragen. Intelligente Fragen. Nach jeder Frage bist du ruhig und hörst zu. Kein Wort von deiner Seite, keine Einwände, keine Ideen. Keinerlei Beratung! Nur Fragen. Ja, das ist ungewohnt. In diesem Gespräch hältst du dein Fachwissen vollkommen zurück. Sonst ist die Gefahr da, in eine Falle zu tappen und wertvolle Informationen zu verpassen. Du kennst doch den Spruch: „Fachidiot schlägt Kunde tot"? Lass es! Dein Auftritt kommt später. Jetzt ist der Kunde dran. Wenn du es schaffst, dem Kunden sowohl fachliche als auch ein paar persönliche Details zu entlocken, bereitest du dir selbst den erfolgreichen Weg zum Auftrag.

Was sind intelligente Fragen? Lass mich das anhand eines Beispiels erklären. Stell dir vor, jemand fragt bei dir eine Badsanierung an. Du fährst hin, um dir die Situation vor Ort anzuschauen. Verkneife unbedingt die übliche Frage: *„Wie haben Sie sich denn Ihr neues Badezimmer vorgestellt?"* Diese Frage ist komplett idiotisch und verboten! Das gilt nicht nur fürs Bad, sondern auch für eine neue Küche oder einen Hausumbau. Warum? Ganz einfach: Du signalisierst damit, dass du keinen Plan hast. Du willst vom Kunden eine Antwort auf eine Frage, die er nicht beantworten kann. Dafür hat er dich kontaktiert. Du bist der Fachmann und er erwartet von dir entsprechende Vorschläge.

Intelligente Fragen sehen anders aus. Eine grandiose Einstiegsfrage ist: *„Was gefällt Ihnen an diesem Bad (oder der jetzigen Küche) nicht mehr?"* Danach: *„Was hat Ihnen an diesem Bad gut gefallen?" „Welche Bereiche haben zuverlässig funktioniert?"* Mehr braucht es nicht. Diese paar Fragen reichen, um den Redefluss des Kunden anzukurbeln.

Das funktioniert auch bei einem neuen Dach: *„Was ist Ihre Hauptüberlegung, das Dach zu erneuern oder zu sanieren?“ „Was gefällt Ihnen an dem jetzigen Dach nicht mehr?“* Du siehst, mit intelligenten W-Fragen, wie man sie nennt, findest du die wahren Bedürfnisse deines Gegenübers heraus. Mit diesen oben genannten Fragen kommst du schon hervorragend durch und bist auf jeden Fall erfolgreicher als bisher. Doch es gibt noch viel mehr Tricks und ausgefeilte Fragetechniken im Verkauf, die den Rahmen dieses Buches sprengen würden. Richtig verkaufen ist eine Philosophie für sich, für die wir uns im Geschäftsführer- und Unternehmertraining richtig viel Zeit nehmen. Gemeinsam und in Gruppenarbeit üben wir das bis zum Umfallen. Solange, bis jeder Teilnehmer unschlagbar im Fragenstellen ist. Ich liebe es, zu beobachten, wenn dann als Ergebnis aus den gewohnten „Zufallserfolgen“, wie ich sie nenne, geplante Verkaufserfolge werden.

Zurück zum Beispiel: Über intelligente Fragen findest du nicht nur das wahre Kaufmotiv heraus, sondern du kannst, wenn du all diese Fragen gestellt und die detaillierten Antworten vom Kunden bekommen hast, in der nächsten Stufe eine maßgeschneiderte Lösung und ein perfektes Angebot zaubern. Eines, das ihn umhaut. Darum geht es in dem ganzen Training! Ziel ist, dass dein Angebot zu 100 Prozent die gesagten, aber auch die ungesagten Erwartungen des Interessenten widerspiegelt.

Fragen sind eine Zauberformel in dieser Stufe des Verkaufsprozess. Was denkst du, wie viel wert es ist, was du mit Fragen und Zuhören an dieser Stelle erreichen kannst?

Machst du es wie beschrieben, und überträgst die Antworten in dein Angebot, ist dieses wahrscheinlich schon perfekt. Dann kannst du das Nacharbeiten und ständig neue Angebotsüberarbeitungen vergessen. Musst du es dennoch tun, ist das für mich ein klares Indiz, dass du nicht die richtigen oder zu wenig Fragen gestellt oder aber, nicht aufmerksam zugehört hast. Darum mein Tipp: Versuch das im nächsten Gespräch umzusetzen: W-Fragen stellen, Zuhören, Aufschreiben. Nächste Frage stellen, Zuhören, Aufschreiben.

Klingt einfach, muss aber zugegebenermaßen tatsächlich vorbereitet und immer wieder trainiert werden. Doch wenn du das einmal intus hast, wirst du bei jedem Interessenten auf Basis dieser Informationen eine perfekte Lösung ausarbeiten. Nur darum geht es und nichts anderes. Übrigens: Richtwert für den Redeanteil in diesem ersten Gespräch: 80 Prozent Kunde, maximal 20 Prozent du.

Das Erstaunliche ist, du wirst feststellen, dass Kunden diese Form von Gesprächen, die du klar über Fragen steuerst, als exzellente Beratung von dir wahrnehmen. Auch wenn du überhaupt nichts von dem gemacht hast, was du klassisch unter Beratung verstehst. Ich habe es mehrfach erlebt, dass Kunden danach gesagt haben: *„Mensch, das war eine richtig gute Beratung.“* Das lasse ich unkommentiert stehen, denn ich spüre, der Kunde fühlt sich wohl, verstanden und in seinen Wünschen respektiert. Dazu gibt es dann auch nichts mehr zu sagen, oder?

Kannst du dich in diese Situation hineinversetzen? Fühlen wir uns nicht alle grundsätzlich wohler, wenn wir auch mal reden dürfen und jemand hört, ohne zu unterbrechen, interessiert zu? Ohne uns zuzutexten? So geht es deinem Kunden in diesem Gespräch.

Für dich ist es der Schlüssel zum Erfolg, die richtigen Fragen zu stellen.

Danach geht es fließend über in die Ermittlung der Ausgabenbereitschaft. Die solltest du kennen, bevor du ein Angebot erstellst.

„Es gibt so viel mehr Tricks und ausgefeilte Fragetechniken im Verkauf, als du dir vorstellen kannst."

// Schritt drei: Ausgabebereitschaft ermitteln

Wie findest du nun heraus, was der Kunde bereit ist, für deine Handwerkerleistungen zu zahlen? Es ist sinnvoll, das mit einer gewissen Technik abzufragen: der Ankertechnik. Ich habe festgestellt, es braucht einen anderen, einen effektiveren Weg als den üblichen, um die Ausgabebereitschaft zu ermitteln. Daran haben wir bei uns im Team lange gearbeitet und eine grossartige Lösung gefunden. Die verrate ich dir. Die spezielle Gesprächsführung der Ankertechnik ist die Basis für erfolgreichen Verkauf deiner Leistungen.

Du kannst sie anwenden. Sie geht so: Du bedankst dich für die Informationen, die der Kunde dir bis jetzt auf den Weg gegeben hat und sagst ihm: „Lassen Sie uns jetzt bitte kurz über den Wert der Lösung sprechen. Nicht, dass wir an Ihren Überlegungen vorbeiplanen." Mein Tipp: Nimm genau diesen Einstieg. Lerne ihn am besten auswendig. Verändere den Satz nicht, denn er ist hundertfach Praxiserprobt.

Dann nennst du dem Kunden den Preis, den das absolut ideale Bad kosten würde, in dem alle seine Vorstellungen bis ins allerkleinste Detail umgesetzt sind. Der Preis darf ungefähr 20 Prozent höher sein als der, den es tatsächlich kosten wird. Wichtig ist hierbei: Du musst diesen Wert unbedingt in den Kontext setzen. „Ich hatte neulich einen ähnlichen Fall. Gut, da spielte Geld keine Rolle, denn der Kunden wollte sich mit dem Bad seinen Lebenstraum verwirklichen. Da lag der Wert der Lösung bei..." Der Kunde wird vielleicht zusammenzucken und mit diesem Betrag nicht gerechnet haben. Seine Reaktion ist für dich ein wertvoller Hinweis und Ausgangspunkt für das weitere Abklopfen seiner Ausgabebereitschaft. Du siehst, wie wichtig es ist, das herauszufinden, ohne direkt nach einem Budget zu fragen. Würdest du das tun, käme keine ehrliche Antwort. Kunden nennen dann zumeist einen deutlich niedrigeren Betrag, als sie im Kopf haben. Mit falschen Zahlen jedoch werden Planung und Angebotserstellung wenig zielorientiert

Weiter geht es im Prozess. Drei Voraussetzungen müssen erfüllt sein, bevor du in die nächste Phase, in die Angebotsphase oder auch Präsentationsphase, gehst die das Ziel hat, die Unterschrift unter den Auftrag zu bekommen.

18

Auf den Punkt gebracht: Die Angebotspräsentation als Höhepunkt des Verkaufsprozesses

Wenn du bis hierhin alles richtig gemacht hast, kannst du dem Kunden eine Lösung präsentieren, die seinen Vorstellungen und Wünschen genau entspricht. Mit seinen eigenen Informationen hast du auf Anhieb ein perfektes Angebot zusammengestellt.

Wenn es ihm gefällt, wird er es direkt unterschreiben. In dieser Phase geht es folglich auch um Zeit und Zeitersparnis. Aber nicht nur. Es kommt auch auf deine innere Einstellung und die Wortwahl auf zweierlei Ebenen an. Mache dir, bevor du in das Gespräch gehst, zwei Dinge klar:

/ **1. Dein Angebot ist kein Angebot, sondern eine Bewerbung um einen Auftrag.**

Das vergleiche ich gerne mit einer Bewerbung für einen Job. Wenn du dich bei einem Unternehmen um eine Stelle bewirbst, präsentierst du dich von deiner allerbesten Schokoladenseite: Du besorgst eine repräsentative Bewerbungsmappe, kontrollierst den Text zehnmal auf Fehler, lässt gute Fotos von dir machen, machst alles, um überzeugend rüberzukommen. Mach das beim Angebot bitte auch!

/ 2. Dein Angebot ist kein Angebot, sondern ein Lösungsvorschlag für den Kunden.

Ein Angebot hat einen eher statischen Charakter, weil es fixierte Inhalte hat, die wenig variabel sind. Ein Lösungsvorschlag dagegen bietet Raum und ist ein erster Vorschlag, der gemeinsam flexibel gestaltet werden kann. So kannst du es dem Kunden gegenüber mit deiner Wortwahl darstellen. Je besser du die Informationen des Kunden in diesem Lösungsvorschlag umgesetzt hast, desto weniger wird er etwas ändern wollen. Darin liegt das Geheimnis. Wenn er sich das Angebot durchliest, wird er sich verstanden fühlen und spüren, dass du als Unternehmer dem, was er sich wünscht, eine klare Form gegeben hast. Allein zu wissen, dass auch Änderungen möglich sind, gibt ihm ein gutes Gefühl.

// Drei Voraussetzungen für eine erfolgreiche Angebotspräsentation

/ 1. Alle Entscheidungsträger sitzen an einem Tisch.

Erst wenn alle Entscheidungsträger für diesen Auftrag da sind, beginnst du mit deiner Präsentation. Tun sie das nicht, weil sie den Termin nicht wahrnehmen können, wirst du keine Entscheidung bekommen. Dann muss nämlich der männliche Kunde „erst seine Frau“ oder die Kundin „erst ihren Mann“ fragen, um zu entscheiden. Du siehst, wie wichtig die Terminierung dieses Gespräches ist. Es müssen unbedingt alle unter einen Hut gebracht werden. Lieber dreimal verschieben, als ohne Ehefrau oder Hausherrn loszulegen.

/ 2. Es ist vorab schon über Geld gesprochen worden.

Mit der im Informationsgespräch gemachten Ermittlung der Ausgabebereitschaft hast du die Grundlage für eine erfolgreiche Präsentation geschaffen. Der Kunde weiß, was auf ihn zukommt, kennt den finanziellen Rahmen und wird bei der Angebotspräsentation nicht aus allen Wolken fallen. Er hat das Finanzielle weitestgehend schon im Vorfeld „verdaut“. Das ist psychologisch ein kluger Schachzug, denn würde er die Kosten erstmals im Angebot erfahren, könnte das ein schmerzlicher Überraschungsmoment sein, der die Vorfreude schmälert. Vermeidest du das, kann sich der Kunde voller Erwartungen auf deine Lösung konzentrieren und schon ein erstes inneres Bild von den fertigen Arbeiten entstehen lassen.

/ 3. Du solltest unbedingt wissen, ob der Kunde auch andere Angebote bekommt.

Üblicherweise lassen sich Menschen bei größeren handwerklichen Arbeiten oder Renovierungen mehrere Angebote von verschiedenen Betrieben anbieten. Das ist im Prinzip verständlich, kann aber zum Stolperstein werden. Wenn dieser Kunde andere Angebote bekommt, ist es unglaublich wichtig, dass du als letzter präsentierst. Das setzt einige Recherchearbeit deinerseits voraus. Auch die Art, wie du dich vorbereitest, ist richtungsweisend. Gegenüber einer Konkurrenz aufzutreten, ist etwas anderes, als alleiniger Anbieter im Rennen zu sein. Da spielen komplexe psychologische Aspekte eine Rolle, die wir in einem eigenen Trainingsmodul von allen Seiten beleuchten und erarbeiten. Wenn dich das interessiert, weil du immer wieder in dieser unleidigen Wettbewerbssituation bist, lass uns darüber reden. Du kannst dir ein kostenloses Gespräch mit mir buchen. Den QR-Code findest du am Ende des Buches.

Du hast die Voraussetzungen geschaffen und dich innerlich darauf eingestellt, was dieser Schritt für dich erreichen und für den Kunden bedeuten kann. Mit dem Beginn der Präsentation wartet gleich die erste Falle auf dich: die Verkaufen-Falle! Was bedeutet eigentlich verkaufen? Wenn du mich fragst, glaube ich: Anderen Menschen zu helfen, eine Kaufentscheidung zu treffen.

Wie willst du einem Kunden helfen, eine Kaufentscheidung zu treffen, wenn du deinen maßgeschneiderten Lösungsvorschlag per Post oder E-Mail zuschickst? Das geht gar nicht! Es braucht einen persönlichen und dem Wert der Entscheidung angemessenen Rahmen dafür. Ein Meeting, indem alle in deinem Büro oder deinen Ausstellungsräumen an einem Tisch sitzen. Nutze das Heimspiel! Hier kannst du dich perfekt vorbereiten, dir Materialmuster zurechtlegen oder gedanklich verschiedene Situationen vorab durchspielen, um gute Argumente parat zu haben. Setzt euch an einen Tisch, an dem du dich wohl fühlst. Überlasse nichts dem Zufall. Du kannst den Kunden am besten positiv in seiner Kaufentscheidung beeinflussen, wenn du mit ihm zusammensitzt. Dann kannst du sehen, was in ihm vorgeht, auf seine Fragen antworten, manchmal sogar bevor er sie gestellt hat und bist in der Lage, auf ein Mitbewerber-Angebot einzugehen, das im Raum steht.

Du möchtest, dass der Kunde seine Kaufentscheidung in deine Richtung trifft, also präsentiere, nein, inszeniere dein Angebot persönlich. Im Notfall geht es auch in einem Video-Call auf Zoom oder Teams. Doch dein Spirit, deine

Persönlichkeit und deine Kompetenz kommen in einem echten Gespräch viel authentischer rüber als per Video. Wissen wir alle. Die Faktoren, die eine Kaufentscheidung beeinflussen, sind ebenso elementar, wie das Vertrauen und das Image, das du in den vorangegangenen Kontakten sorgfältig aufgebaut hast. Nutze das. Das darfst du jetzt für dich arbeiten lassen.
Es gibt eine zweite, sehr gefährliche Stolperfalle: Ich stelle immer wieder mit Erschrecken fest, dass Handwerksunternehmer, die ihr Angebot perfekt erarbeiten, dann präsentieren und alles richtig machen, plötzlich am Ende, bei der letzten Seite, in eine Art „Schockstarre" verfallen. Da scheint ihr Selbstbewusstsein wie weggeblasen zu sein und sie fangen an, rumzudrucksen. Das ist der Moment der Abschlussfrage. Jetzt, genau jetzt, müsste sie kommen! Tut sie aber nicht. Sie schafft nicht den Weg über seine Lippen. Doch was passiert, wenn du keine Abschlussfrage stellst? Richtig! Nichts. Du verpasst den perfekten Augenblick, in dem der Kunde unterschreiben würde. Du hast ihn ja schon überzeugt. Es wäre so einfach, sie zu stellen und die Unterschrift zu kassieren.

Die Abschlussfrage lautet: „Sollen wir es so machen?" Mehr nicht.

Du kannst sie dir auf deinen Unterarm tätowieren lassen und ablesen, wenn es dir leichter fällt. Aber bitte stelle sie! Machst du das nicht, schwebt das Gespräch auf einmal in einem luftleeren Raum. Das fühlt sich für den Kunden nicht gut an. Der wartet auf etwas, was nicht kommt. Dabei war er schon von Kopf bis Hand aufs Unterschreiben eingestellt. Du bist derjenige, der das Gespräch steuert; also musst du fragen. Nur sehr wenige Kunden fragen: *„Bitte, darf ich jetzt endlich unterschreiben?"*
Die Abschlussfrage ist für viele eine große Hemmschwelle, dessen bin ich mir bewusst. Sie zu überwinden ist, wie alle anderen Schritte bis jetzt, ein wichtiger Teil unseres Geschäftsführer- und Unternehmertrainings. Ich bin je-

des Mal aufs Neue erstaunt, wie schwer es vielen fällt, diese Frage zu stellen. Doch das „Vorher-Nachher“ ist so unglaublich groß. Es wird für jeden Teilnehmer der goldene Schlüssel zum erfolgreichen Abschluss. Das bestätigen uns alle Teilnehmer, die mit den richtigen Schritten des Verkaufsprozesses ihre Abschlussquote auf durchschnittlich 80 Prozent erhöhen.

// Werkzeuge, die noch fehlen.

Es gibt beim Verkaufen Situationen, in denen die richtigen Werkzeuge fehlen. Das ist so, als wenn du eine Küche einbaust und für den Anschluss der Spüle fehlt der richtige Schlüssel. Meist sind das Einwände, die eine sofortige, überzeugende Antwort benötigen: „Das ist viel zu teuer.“ oder „Ich habe jemanden, der macht das 30 Prozent günstiger.“ Ein anderer Einwand: „Wir müssen noch mal eine Nacht darüber schlafen.“ Was antwortest du darauf?

Für solche Momente brauchst du entsprechende Werkzeuge in deinem Repertoire, um rhetorisch galant damit umzugehen und sie mit einem Satz zu entkräften. Werkzeuge, um dich nicht aus der Ruhe bringen zu lassen und damit auch dem Kunden mehr Vertrauen in deine Kompetenz zu vermitteln. Denn genau das passiert, wenn du diese Werkzeuge als Joker in der Tasche hast. Zugegeben, das gehört zur hohen Kunst des Verkaufens, aber wenn es um große Investitionen geht, erwarten Kunden das.

Es ist entscheidend, diese Werkzeuge zu kennen und sie auch einsetzen zu können.

Sonst war die ganze Mühe bis jetzt umsonst. Was hast du nicht alles gemacht: Du warst beim Kunden vor Ort. Du hast sorgfältig alle Informationen abgefragt, Bedarfsanalyse und anschließend die Kalkulation gemacht, hast extra Preise angefragt, hast das Angebot perfekt ausgearbeitet, eine mega-gute Präsentation ausgearbeitet und sie dem Kunden vorgestellt. Doch nun, am Ende, quasi auf den letzten Zentimetern, soll es an diesem Einwand liegen, dass du den Auftrag nicht bekommst? Das kann nicht sein.

Nun fehlen am Ende die letzten Werkzeuge, um direkt vor Ort mit dem Kunden den Abschluss zu machen. Ich verrate dir mein Lieblingswerkzeug, eine Geheimwaffe, mit der du eine souveräne Entgegnung machen kannst, wenn dein Gegenüber den Preis drücken will. Für mich eine der besten Strategien beim Abschluss eines Verkaufsgesprächs. Ich nenne sie die „Preisnachlass-Strategie". Eigentlich müsste sie „Preisnachlass-Vermeidungsstrategie" heißen, doch da bricht man sich ja die Zunge, so lang wie das Wort ist. Die hat mit sieben rhetorischen Stufen das Ziel, ohne einen Preisnachlass aus der Verhandlung zu gehen und die Unterschrift unter den Auftrag zu bekommen.
Sie ist eine Geheimwaffe, die kaum ein Handwerker kennt, es sei denn, er hat sie in unserem Training gelernt. Stelle dir folgende Situation vor: Ihr seid durch den ganzen Verkaufsprozess gegangen. Du hast alles richtig gemacht, auch die Abschlussfrage gestellt: *„Wollen wir es so machen?"* Der Kunde sagt: *„Wow, das ist ziemlich teuer. Echt viel Geld."* Deine Stimmung geht nach unten. Mache nun, genau in diesem Moment, nicht den Fehler, den viele Handwerker machen: Sie glauben, sie müssten jetzt in die Preisverhandlung gehen. Einen Preisnachlass geben oder Skonto oder noch eine Zusatzleistung drauflegen. Falsch! Das ergibt überhaupt keinen Sinn. Die Aussage des Kunden, das Angebot ist aber teuer, ist eben nicht die Öffnung eines Preisgespräches. Warum?

Zu einem Preis gehört immer ein entsprechender Gegenwert. Reagiert der Kunde auf diese Weise, hat er in den allermeisten Fällen diesen Gegenwert noch nicht verstanden. Für dich bedeutet es im ersten Schritt, souverän mit dieser Antwort umzugehen. Wie machst du das? Der Kunde sagt: *„Wow, das ist ziemlich teuer. Echt viel Geld."* Sagen wir, es geht in deinem Fall um eine moderne Küche auf Maß für 63.200 €. Du entgegnest: *„Ja, das kann ich verstehen. Keine Frage, 63.200 € für eine neue Küche, ist eine*

Menge Geld." Dann startest du erneut die Leistungsargumentation. „Wenn Sie jedoch berücksichtigen, dass Sie eine individuelle Küche bekommen, die zu 100 Prozent auf Ihre Bedürfnisse zugeschnitten ist, eine, die mit der hochwertigsten Arbeitsplatte, den neuesten Elektrogeräten von Gaggenau, besten Armaturen und das Ganze auf Maß geplant und zugeschnitten, perfekt in den Raum eingepasst ist, dann ist 63.200 € ein akzeptabler Preis. Sie bekommen eine Superleistung zu einem fairen, straff kalkulierten Preis." Nachdem du alle Leistungen noch einmal, in etwas anderen Worten als beim ersten Mal aufgezeigt hast, stellst du noch einmal die Abschlussfrage: *„Sollen wir es dann so machen?"*

Der Schritt, noch einmal über die Leistungsargumentation zu gehen, kann Wunder wirken. Das funktioniert auch in anderen Bereichen: *„Hey, die Dachsanierung mit 85.300 €, ist aber ziemlich teuer." „Ja, 85.300 € sind eine Menge Geld, überhaupt keine Frage. Nur, wenn Sie die heutigen Energiepreise berücksichtigen, werden Sie mit dieser Investition in den nächsten zehn Jahren höchstwahrscheinlich 15.000 bis 20.000 € Heizkosten sparen. Überdies haben Sie eine echte Wertsteigerung der Immobilie*". Dann sieht das schon anders aus, oder? Nehmen wir einen anderen Aspekt: *„Wenn Sie jetzt das Dach machen und das Haus vielleicht in zehn Jahren verkaufen, zahlt sich das im Verkaufspreis deutlich aus. In zehn Jahren wäre das aufgrund der Preissteigerung nicht für 85.000 € möglich, sondern Sie müssen mindestens 120.000 € zahlen, damit Sie es gut verkaufen können. Die beste Entscheidung ist, es jetzt machen zu lassen. Die Fakten sprechen für sich: erstens eine Energieeinsparung von bis zu 20.000 €, zweitens sehr viel besseren Wohnkomfort und drittens die Wertsteigerung Ihrer Immobilie. Glauben Sie nicht auch, dass vor diesem Hintergrund 85.300 € eine sinnvolle, gute Investition für Ihr Gebäude ist?"* Pause! Dann fragst du: *„Sollen wir es nicht einfach so machen?"*

Deine Argumente für deinen Bereich und deine Leistungen kannst du dir überlegen und selbst einmal zusammenschreiben. Oft sind es die gleichen Argumente, die man bringt. Du siehst, wenn du noch mal über die Leistungsargumentation gehst und eben nicht direkt in die Preisverhandlungen, hast du nach meiner Erfahrung mindestens 50 Prozent der Kunden gewonnen, ohne einen Preisnachlass geben zu müssen.

Lass uns noch mal kurz in die Aussage „zu teuer“ gehen. Natürlich kostet eine handwerkliche Dienstleistung Geld. Manchmal auch viel Geld. Das empfinden viele als teuer. Aber das macht nichts. Ein Porsche 911 ist auch teuer und wird trotzdem gekauft. Eine Rolex ist auch teuer und wird trotzdem gekauft. Darum glaube ich, dass du „teuer“ vom Mindset her nicht negativ sehen, sondern deine hochwertige Leistung betrachten solltest, die dahintersteht.

Du trägst mit deiner Arbeit zum Wert der Immobilie bei, sorgst für eine höhere Lebensqualität. Deswegen darf es auch ruhig teuer sein, was der Kunde dafür bekommt. Handwerker dürfen nur lernen, das besser zu argumentieren.

Nimm dieses Werkzeug, um dann im Gespräch charmant, souverän und professionell den Kunden an Bord zu nehmen und zu helfen, seine Kaufentscheidung in deine Richtung zu treffen. Dass es nicht das einzige ist und du im besten Falle für jeden Einwand eines Brauchst, brauche ich nicht zu sagen. Komm in unser Training und werde rhetorisch Meister im Verkaufen.

Du bist dran!

→ **Buche jetzt dein persönliches Coaching!**

Unsere Events

Mission Starkes Handwerk — live!

Du möchtest die MISSION STARKES HANDWERK live erleben? Dann komme zu unseren regelmäßigen Events, egal ob live oder live gestreamt in dein Büro oder Wohnzimmer.

Events & Seminare

Freu dich auf diese Themen bei unseren Live Events: Erreiche für dein Unternehmen mehr Wachstum, ohne einen größeren Zeitaufwand zu betreiben – Erfahre direkt und mit konkreten Umsetzungsplänen, was DU als NÄCHSTES zu tun hast.

Mega Events

MISSION STARKES HANDWERK Rockt! – Das Live-Event

Das Live-Event geht in die neue Runde. Der Tag hat es in sich: Beeindruckende Bühne, ein mega Publikum voller motivierter Handwerksunternehmer, atemberaubende Atmosphäre, ein enorm wertvoller Input und eine tolle Aftershow Party.

Digital

Mission Starkes Handwerk /
Digital

Das Digital Event live zum streamen. Aktuelle Themen sind enorme Preissteigerungen, eine Inflation aus Rekordniveau, Materialmangel und zögernde Kunden – Wie man da handelt, beleuchten wir z. B. bei diesem Event näher.

Seminare

Strategie und Verkaufs-Mastermind
Seminar

Bei diesem 3-tägigen Seminar lernen unsere Coaching-Teilnehmer, wie sie durch eine glasklare Positionierung und durch einen besseren Verkaufsprozess jedes Angebot zum Auftrag werden lassen.

Du möchtest auch gern an einem Live-Event teilnehmen?

→ Mehr Informationen findest Du hier:

TEIL 5

Strukturen und Prozesse im Betrieb installieren

19

Vom gestressten Handwerker zum erfolgreichen Handwerksunternehmer:

So bringst du Struktur in deinen Betrieb

Du siehst, Spezialisierung, klare Positionierung und die genaue Analyse deiner Zielgruppe sind wichtige Bausteine, um als Handwerksbetrieb erfolgreich zu sein. Dazu kommt die Kenntnis über die Geheimnisse des Verkaufens. Darüber habe ich bereits geschrieben.

Es fehlt nun noch das Finale, der letzte Schliff deines Unternehmens, denn allein diese Maßnahmen reichen nicht aus, um die Effizienz zu steigern und tatsächlich Zeit und Energie zu sparen. Um langfristig erfolgreich zu sein und dich selbst auch mehr herausnehmen zu können, ist es unerlässlich, an den Unternehmensstrukturen zu arbeiten und sie dauerhaft zu installieren. Das macht den Unterschied zwischen einem Handwerker und einem erfolgreichen Handwerksunternehmen. Was bedeutet das genau?

Die Schritte dahin sind die Erarbeitung aller Prozessabläufe, eine klare Aufgabenverteilung erstellen, effektives Zeitmanagement planen und eine transparente Kommunikation festlegen. Damit optimierst du interne wie externe Abläufe. Jetzt schiebst du vielleicht den einen oder anderen Auftrag aus dem Bauch heraus ein oder wickelst ihn schnell nebenbei ab. Mit einer effizienten Unternehmensstruktur jedoch können alle Mitarbeiter ihre Aufgaben, mit planbarem Aufwand, präzise und zuverlässig erledigen, ohne dass du selbst ständig alles kontrollieren musst. Du und dein Team können Kundenanfragen so besser bearbeiten und Aufträge reibungsloser ablaufen lassen. Das spart Zeit und Ressourcen.

Strukturen schaffst du, indem du mehrere Faktoren erarbeitest und nacheinander die folgenden Schritte gehst: Zuerst gilt es herauszufinden, welche Dinge im Auftragsprozess tatsächlich von dir selbst bearbeitet werden müssen und welche du an deine Mitarbeiter abgeben kannst. Ein wesentlicher Faktor ist das Thema „Verantwortung abgeben“, damit du zeitfressende Aufgaben loslassen kannst. Wenn Abläufe und Prozesse klar aufgesetzt sind, hast du die Voraussetzungen geschaffen, um wirklich Aufgaben richtig zu delegieren.

// Voraussetzung schaffen, um Verantwortung an Mitarbeiter abzugeben

Zugegeben, Verantwortung im eigenen Betrieb an Mitarbeiter abzugeben, ist eine der grössten Herausforderungen überhaupt. Wie schwer sich Handwerksunternehmer damit tun, weiss ich, denn das erlebe ich bei meinem Vater. Er ist ein klassischer Handwerker, jahrzehntelange, berufliche Erfahrung im eigenen Betrieb. Er ist es gewohnt, alles selbst zu machen oder genau zu kontrollieren, damit seine Qualitätsansprüche erfüllt werden. Ein Meister seines Fachs. Natürlich fällt es ihm schwer, den jüngeren, weniger erfahrenen, aber deshalb nicht

schlechteren Mitarbeitern zu vertrauen und ihnen Verantwortung für bestimmte Aufgaben zu übertragen.

Mit so viel Erfahrung kann man einfach alles besser und schneller. Dass dieses Verhalten so verbreitet ist, finde ich verständlich. Es haben doch die meisten Handwerker ihren Betrieb mit Liebe aufgebaut und mussten jahrelang oder jahrzehntelang alles selbst machen. Mein Vater hat schon viel daran gearbeitet und schafft es, seine Mitarbeiter in bestimmte Bereiche einzuweisen, kann es dann aber doch nicht lassen, sich einzumischen. Dann nämlich, wenn er das Gefühl hat, es wird nicht so gemacht, wie er es möchte und die Ergebnisse nicht sofort rund laufen.

Verständlich, denn es braucht eine Menge Vertrauen, aber auch Geduld dazu. Das demotiviert jedoch Mitarbeiter und sie denken: *„Egal, was ich mache, es ist ohnehin nicht gut genug. Der Chef kann es besser.“* Wie sieht das in deinem Betrieb aus? Hast du schon mal darüber nachgedacht, woran das liegt? Ich habe eine klare Antwort: Es fällt uns Unternehmern generell schwer, Verantwortung abzugeben, wenn wir vorher nicht genau definiert haben, wofür unsere Leute die Verantwortung übernehmen sollen. Was bedeutet das konkret? Du brauchst eine klare Regelung: Wer hat im Unternehmen welche Aufgabe? Wer hat welche Verantwortung, wofür? Was bedeutet es konkret, diese Verantwortung an dieser Stelle zu übernehmen? Wie wird das Ergebnis am Ende des Tages gemessen?

Meine Antwort: Grundlage ist, dass du Kennzahlen entwickelst.

Unternehmerische Kennzahlen dafür, wie Ergebnisse auszusehen haben, wenn Aufgaben übernommen werden. Derjenige, der für den übertragenen Bereich verantwortlich ist, kennt sie und weiß genau, woran seine Arbeit gemessen wird.

„Entwickle klare unternehmerische Kennzahlen dafür, wie Ergebnisse auszusehen haben, wenn Aufgaben von deinen Mitarbeitern übernommen werden."

20

Strukturiert zum Erfolg: Ein Organigramm als Schlüssel zur klaren Betriebsorganisation

Das ist ein Diagramm, das die Struktur eines Handwerksunternehmens grafisch darstellt. Es zeigt, wie das Unternehmen aufgebaut ist und wie die verschiedenen Positionen miteinander verbunden sind.

In einem kleineren Handwerksbetrieb könnte es den Chef oder den Inhaber an der Spitze zeigen. Darunter die verschiedenen Mitarbeiter und unterschiedlichen Bereiche aufgeführt. Jeder hat eigene Verantwortlichkeiten, die genau definiert werden.

Warum ist ein Organigramm wichtig? Es hilft den Mitarbeitern, die Struktur des Handwerksunternehmens besser zu verstehen. Sie sehen, wer für welche Aufgaben zuständig ist und wem berichtet wird. Das erleichtert die Zusammenarbeit, fördert die Kommunikation, die Koordination von Aufgaben und damit den reibungslosen Ablauf im Betrieb. Wenn du noch kein Organigramm hast, investiere die Zeit, es zu erstellen. Deine Zeit. Deine Energie. Es lohnt sich. Du legst fest, wer in deinem Unternehmen wofür verantwortlich ist oder in Zukunft sein soll. Wenn bei jedem Punkt dein Name steht und niemand dafür verantwortlich zeichnet, bist du auch in jedem Bereich gefordert. Lege das zuerst für dich fest. Erst dann kommunizierst du die Verantwortungsbereiche an deine Mitarbeiter.

In einem Organigramm sollten die einzelnen Bereiche erkennbar sein:

/ Wer ist für den Vertrieb verantwortlich?
/ Wer ist für das Thema Arbeitsvorbereitung verantwortlich?
/ Wer ist für das Thema Einkauf verantwortlich?
/ Wer ist für das Thema Baustellenprozesse und Bauabläufe, Bauleitung verantwortlich?
/ Wer macht das Thema Buchhaltung?
/ Wer macht das Thema Marketing?

Das ist der erste Schritt. Der zweite ist ebenso wichtig: Es gilt, nicht nur den Namen einzutragen, wer verantwortlich ist, sondern konkret aufzuführen, welche Aufgaben in diesem Bereich zu erledigen sind. Wer soll die machen? Das muss nämlich nicht zwangsläufig derjenige sein, der die Verantwortung trägt. In größeren Unternehmen gibt es immer eine Unterscheidung: Welche Aufgaben fallen in einem Bereich an, wer übernimmt sie und wer ist verantwortlich für die Umsetzung? Das kann Personen-gleich sein, muss aber nicht.

Doch in ein Organigramm gehört nicht nur die Definition der einzelnen Verantwortungsbereiche. Es sollte auch klargestellt werden, was bedeutet denn Verantwortung in diesem Bereich? Ist es nicht so, dass wir das oft nicht genau mit unseren Mitarbeitern klären? Wir sagen vielleicht, du bist ab sofort für den und den Bereich verantwortlich, aber wir erläutern nicht, was wir darunter verstehen. Die eigene Erwartungshaltung zu klären, ist aber die Basis, dass Aufgaben gut erledigt werden und der Prozess reibungslos abläuft.
Es gibt oft unterschiedlichste Auffassungen zwischen Unternehmer und Mitarbeiter, was das Thema Verantwortung angeht.

Nimm dir Zeit, darüber nachzudenken und definiere das in klaren Punkten. Schreibe sie auf, integriere sie in das Organigramm.

Wenn jemand die Verantwortung für einen Bereich übernimmt, bedeutet das für mich, dass er auch für das Ergebnis verantwortlich ist. Darum ist es gut, Ergebnisse anhand von sogenannten KPIs messbar zu machen. KPIs sind von dir festgelegte Kennzahlen, wie das Ergebnis konkret aussehen soll. Es gibt Bereiche, da geht das gut, bei anderen geht es weniger gut. Hier sind zwei Beispiele, bei denen das sehr gut geht:

Nehmen wir an, ein Mitarbeiter ist verantwortlich für den Vertrieb.

Dann ist er dafür verantwortlich, dass die Umsatzziele erreicht werden. Diese Zahlen und das Ziel müssen im Vorfeld besprochen sein. Der Vertriebsverantwortliche ist auch verantwortlich dafür, dass die Umsätze mit den passenden Deckungsbeiträgen reingefahren werden. Es wird nämlich im Verkauf entschieden, wie gut Leistungen oder Produkte kalkuliert sind und zu welchen Preisen sie am Markt verkaufbar sind. Klare Zahlen, klare Ziele.

Die Erwartungshaltung des Unternehmers an den Mitarbeiter ist in diesem Fall, dass er in seinem Bereich auch die Verantwortung übernimmt und sich den Fragen des Chefs stellt. Fragen wie *„Warum sind wir mit den Umsatzzahlen unter Plan?"* oder *„Wie sehen deine Gegenmaßnahmen aus?"* sollten beantwortet werden können.

Wenn der Mitarbeiter laut Organigramm in der Verantwortung steht, sollte man als Unternehmer folgende Beispiel-Antworten nicht akzeptieren: *„Pass auf Chef, wir haben hier ein Problem. Die Umsatzzahlen sind rückläufig. Was soll ich denn machen? Die Kunden entscheiden sich nicht. Wir sind zu teuer. Ich kriege unsere Sachen am Markt nicht abgesetzt."* Damit würde er die Verantwortung an dich zurückgeben und das gilt es unter allen Umständen zu vermeiden. Meine Reaktion in einem solchen Fall: *„Okay, verstehe. Ich bin der falsche Adressat für diese Frage.*

Stell dir bitte selbst die Frage. Was kannst du tun oder was hast du bisher eingeleitet, damit sich das ändert?"

Zweites Beispiel:

Wenn jemand für die Produktion oder für die Baustellenprozesse verantwortlich ist, ist er auch dafür verantwortlich, dass die Qualität 100% fehlerfrei ist. Also hundertprozentige Abnahmen, keine Reklamation, Kundenzufriedenheit. Das kann man konkret messen an der Reklamationsquote.

Derjenige ist auch dafür verantwortlich, dass die Bauprojekte so abgewickelt werden, wie sie im Vorfeld kalkuliert wurden. Also dass die kalkulierten Sollzeiten und die tatsächlich gebrauchten Ist-Zeiten übereinstimmen. Das muss die Person wissen, wenn sie diesen Bereich übernimmt. Auch da kannst du Kennzahlen aufstellen.
Du siehst, ein Organigramm ist mehr als ein Diagramm mit Namen und Aufgabenverteilung, sondern die klare Ansage, wer verantwortlich ist. Es erläutert außerdem was diese Verantwortung konkret bedeutet, welche Kennzahlen herangezogen werden um diese Leistung messbar zu machen und wer in dem Bereich die einzelnen Aufgaben übernimmt.

// Abläufe und Prozesse in deinem Betrieb genau festlegen

Der nächste Schritt ist, dir auch über Abläufe und Prozesse in deinem Betrieb klar zu werden. Mit der Arbeit am Organigramm bist du schon gut auf dem Weg, kannst es aber noch viel detaillierter und kleinteiliger erfassen. Lege das schriftlich fest, denn es reicht nicht, wenn du alles – so wie bei vielen Handwerksunternehmern – im Kopf hast. Es ist fast unmöglich, sich vom ersten Kundenkontakt bis zur Abnahme und Schlussrechnung bis ins letzte Detail klar zu sein. Wie läuft ein typi-

scher Auftrag durch deinen Betrieb? Wer hat an welcher Stelle welche Aufgaben? Wenn du dir darüber zuerst im Klaren bist, kannst du es auch so darstellen, dass alles für alle Mitarbeiter im Betrieb klar ist.

Das machst du ganz pragmatisch: Es kommt eine Anfrage. Was ist der erste, was ist der nächste Schritt? Was passiert, wenn A, was, wenn B dran ist. Nimm dir die Zeit, einige deiner wirklich erfolgreich abgeschlossenen Kundenaufträge gedanklich durchzuspielen und jeden einzelnen Schritt schriftlich festzuhalten. Du denkst jetzt vielleicht: *„Völlig unnötig. Ich weiß es ja.“* Weißt du es wirklich oder gibt es das eine oder andere im Prozess zu optimieren, zu verbessern und einfacher zu gestalten und das bisher gelernte aus diesem Buch zu integrieren? Es ist schon schwer, für dich selbst Klarheit zu bekommen. Wie sollen es dann deine Mitarbeiter wissen? Manche Prozesse lassen sich auch automatisieren oder standardisieren, um sie mit weniger Zeit wie am Fließband durchlaufen zu lassen. Das gilt es dann in deinem Betrieb zu kommunizieren, denn niemand kann in deinen Kopf schauen.

In welcher Form kannst du das zusammenstellen und für alle im Unternehmen visualisieren? Das machst du am besten mit einem sogenannten Flussdiagramm. Deine Aufgabe als Unternehmer ist es, jeden noch so kleinen Schritt, vom ersten Kundenkontakt bis hin zur Schlussabnahme, sauber im Diagramm zu erfassen. Wirklich den gesamten Ablauf: Was passiert an welcher Stelle? Wie sehen Arbeitsabläufe konkret aus? Du glaubst gar nicht, wie viel Klarheit das bringt.

Ein Flussdiagramm ist die einfache, visuelle Darstellung. Um es zu erstellen, zeichnest du einen Start- und Endpunkt und verbindest sie mit Pfeilen. Füge dann die einzelnen Schritte hinzu, die in dem Prozess ausgeführt werden müssen. Das Diagramm hilft deinen Mitarbeitern, Abläufe zu verstehen und klare Anweisungen umzusetzen. Es verbessert die Effizienz, minimiert Fehler und trägt zur Qualitätskontrolle bei. Im Flussdiagramm kannst du bereits die Verantwortlichkeiten einzelner Schritte verteilen, sodass jeder weiß, was von ihm erwartet wird. Dann ist es deine Aufgabe, das den Mitarbeitern zu kommunizieren. Jeder Einzelne sollte wissen, was an welcher Stelle und wer – da sind wir wieder bei dem Thema Verantwortung – für einen reibungslosen Ablauf und ein qualitativ messbares Ergebnis die Verantwortung trägt.

Diese Klarheit brauchst du für dich selbst ebenso wie für die Mitarbeiter. Das ist die unternehmerische Basis, um als Chef die Entlastung zu bekommen, die du dir wünschst.

Damit bleibt nicht mehr alles an dir hängen. Du wirst sehen, dass am Feierabend auch dein Schreibtisch mal leer ist und du nicht, wie sonst, abends mit schlechtem Gewissen einen vollen Schreibtisch mit unerledigten Sachen in der Firma hinterlässt. Lass uns sprechen, wenn du eine Vorlage oder Hilfestellung brauchst, um das aufzubauen.

Du bist dran!

→ **Buche jetzt dein persönliches Coaching!**

21

Erfolgreich delegieren: Die Kunst der richtigen Aufgabenverteilung zur eigenen Entlastung

Du hast nun erfahren, wie du die Voraussetzungen schaffst, um Verantwortungsbereiche abzugeben und bist dir auch im Klaren darüber, welche Aufgabe an wen gehen können. Dennoch stelle ich in unserem Training oft fest, dass es nicht so einfach für einen Handwerksunternehmer ist.

Unternehmerische Aufgaben an Mitarbeiter zu übertragen, ist nicht leicht, wie das Beispiel meines Vaters zeigt. Du hast zwar jetzt ein Flussdiagramm vor dir liegen, hast aber die einzelnen Aufgaben noch nicht klar genug umschrieben. Dann brauchst du dich auch nicht wundern, wenn es nicht funktioniert.

Wie läuft Aufgaben zu delegieren denn normalerweise im Alltag ab? Wie schnell übergeben wir etwas zwischen Tür und Angel an unsere Mitarbeiter? Ohne detaillierte Beschreibung oder Erklärung, was diese Aufgabe beinhaltet und was die zuvor genannten Kennzahlen sind. Ist es da ein Wunder, dass sie nicht so gemacht werden, wie du dir das vorstellst? Wie kannst du das lösen?

Mit besserer Kommunikation. Bei der Kommunikation zwischen zwei Menschen, also zwischen dir und einem Mitarbeiter, gilt das Sender-Empfänger-Prinzip. Nimmst du dir tatsächlich immer genug Zeit, um eine Aufgabe konkret zu beschreiben? Auch das Ergebnis, das du erwartest und den Zeitraum, in dem sie gemacht werden soll?

Wäre es nicht einfacher, wiederkehrende Aufgaben schriftlich festzuhalten und das dem Mitarbeiter zu übergeben?

In der Raumfabrik und unserer Tischlerei war die Umstellung auf diese Art der Aufgabenübertragung ein wesentlicher Schlüssel zum Erfolg. Ich nenne das ein Instrument des kontrollierten Dialoges. Seit ich das in meinem Unternehmen einsetze, gibt es kaum noch Aufgaben, die schlecht umgesetzt werden. Ein anderer Weg des kontrollierten Dialoges ist, es, ohne schriftliche Aufgabenbeschreibung zu machen. Doch dabei gibt es Folgendes zu beachten: Wenn du eine Aufgabe mündlich übergeben hast, bittest du den Mitarbeiter, sie noch einmal mit seinen eigenen Worten zusammenzufassen. Dabei wirst du sofort feststellen, ob das, was du gesagt hast, bei dem anderen auch angekommen ist. Ob er verstanden hat, was du von ihm erwartest.

Wenn du anhand der Zusammenfassung merkst, dass er etwas anderes verstanden hat, lass das bitte so stehen und übernimm dafür die Verantwortung. Falte ihn nicht zusammen, dass er zu blöd ist, dich zu verstehen. Keine Angst, das schwächt dich nicht in deiner Chefposition, sondern stärkt dich eher. Entgegne nur: *„Es tut mir leid. Ich merke, ich habe die Aufgabe nicht gut genug erklärt. An der und der Stelle meinte ich es etwas anders. Es ist mir wichtig, dass es auf diese oder jene Weise gemacht wird.“* Das Sender-Empfänger-Prinzip ist also ein essenzielles Instrument, um Aufgaben klarer und besser zu delegieren. Es bedeutet, du als Sender darfst die Verantwortung dafür übernehmen, ob deine Botschaft beim Empfänger richtig ankommt. Sowohl bei der schriftlichen als auch mündlichen Aufgabenübertragung. Wir nutzen in der Raumfabrik schriftliche, auf das Ergebnis orientierte, Beschreibungen.

Nun gilt es an dieser Stelle, nicht in die Falle der Rückdelegation zu tappen. Mache sie dir bewusst, sodass das nicht passiert. Wenn ein Mitarbeiter etwas übernommen hat, muss er es auch ausführen. Ohne Ausnahme. Meist aber kommt er zu einem anderen Zeitpunkt zurück und hat den Auftrag nicht erledigt, aus welchen Gründen auch immer: Keine Zeit, zu viel anderes zu tun, Fragen. Ausreden gibt es genug. Dann steht er vor dir, schaut etwas hilflos und die Falle schnappt zu, wenn du sagst: *„Ja, komm, leg mal hin, ich kümmere mich drum.“* Vermeide das, egal, was der Mitarbeiter als Grund anführt.

Was passiert in so einer Situation? Die Aufgabe, die eigentlich der Mitarbeiter machen sollte, liegt erneut bei dir auf dem Schreibtisch. Wenn du mehrere Mitarbeiter hast, kann es schnell passieren, dass im Laufe des Tages dein Schreibtisch immer voller wird, und ihrer leerer. Mit anderen Worten: Du hast die Aufgabe wieder an der Backe, weil sie erledigt werden muss und das wahrscheinlich auch ziemlich schnell. Zwei Dinge passieren: Erstens: Du machst sie nicht, weil du keine Zeit hast. Die Aufgabe bleibt liegen. Zweitens: Deine Mitarbeiter fangen an, dich zu kontrollieren. Das ist fatal! Sie kommen nach ein paar Tagen und fragen dich, ob du die Sache schon erledigt hast oder wie weit du damit bist. Mal ehrlich, wie krank ist das denn? Genau dem gilt es Einhalt zu gebieten.

Du siehst, du solltest Rückdelegation auf jeden Fall vermeiden. Vermeiden heißt, erst einmal erkennen, wann Rückdelegation stattfindet und dann entsprechend zu reagieren. Das machen Mitarbeiter nicht aus böser Absicht, aber sie sind clever und können erkennen, dass Rückdelegation bei dir funktioniert. Sie sparen sich Arbeit. So einfach ist das. Dann verlassen sie den

Betrieb um 16:30 und du sitzt am Abend noch bis 20:00 oder 21:00 Uhr an deinem Schreibtisch.

Wie kannst du Rückdelegation vermeiden und gleichzeitig deine Mitarbeiter zu verantwortlichen Team-Mitgliedern werden lassen, die dich wirklich entlasten? Indem du diese Aufgabe nicht zurücknimmst, sondern ihnen Hilfestellung gibst, sie selbst zu machen oder ihnen Zeit einräumst, sie zu tun und einen Termin nennst, bis wann sie erledigt sein muss. Auch das kann man nicht aus dem Handgelenk schütteln, ähnlich wie einzelne Schritte des Verkaufsprozesses. Das muss man üben und vor allem die Situation sofort erkennen.

Du siehst anhand der im Buch dargestellten Themen, wie wichtig es ist, neu zu denken und aus traditionellen Mustern auszusteigen. Ich bin sicher, du liebst deine Arbeit und auch deinen Betrieb. Du verbringst viel Zeit darin, wahrscheinlich sehr viel mehr, als dir lieb ist. Doch wenn du zu viel deiner Freizeit und Zeit mit Menschen opferst, die dir wertvoll sind, gilt es dem Einhalt zu gebieten. Dann findet nämlich eine Phase der Dauerüberforderung statt und die kann dir Freude und Leidenschaft für deinen Beruf rauben.

In dem Moment stellt sich die Frage: Steht dein Einsatz an Zeit tatsächlich im richtigen Verhältnis zum Ertrag?

Zum Unternehmerlohn? Wenn nein, tue etwas! Wie ich an der einen oder anderen Stelle angemerkt habe, unterstütze ich Handwerker in unserem umfassenden Geschäftsführer- und Unternehmertraining dabei, ihren Betrieb auf Vordermann zu bringen und erfolgreich zu führen. Wir entführen dich aus dem Hamsterrad und zeigen dir, wie du zum Handwerksunternehmer wirst, der dem spannungsreichen Mitbewerberumfeld die Stirn bietet. Wie das individuell bei deinem Betrieb geht? Lass uns das in einem kostenlosen Gespräch in Ruhe besprechen.

Raus aus der Theorie – hinein in die Umsetzung

Herzlichen Glückwunsch: Du bist beim Schlusswort angelangt. Jetzt bist du gefragt, deine Umsetzung, dein Handeln. Ich habe mit dir mein Wissen geteilt, meine Erfahrungen dargelegt und dir wertvolle Strategien an die Hand gegeben.

Damit bin ich erfolgreich geworden und damit kannst du deinen Betrieb auf Vordermann bringen. Selbst erfolgreich werden. Verabschiede dich von den alten Methoden. Von denen, die „doch immer funktioniert haben". Sie tun es heute nicht mehr. Nun ist es Zeit, unsere Zunft von seinem angestaubten Image zu befreien. Markt, Komplexität der Technologien und Verdrängungswettbewerb üben immer stärkeren Druck aus.

Meine Vorschläge und Tipps helfen dir, dein Unternehmen neu aufzustellen. Ziel des Ganzen ist, dass du das tägliche Hamsterrad endlich verlassen kannst und deutlich mehr Freude an deinem Beruf als Handwerksunternehmer hast, sodass du viel mehr Qualitätszeit mit schönen Dingen und wertvollen Menschen verbringen kannst.

Dafür darfst du dich öffnen, diese neuen und für dich sicherlich noch ungewohnten Ansätze zuzulassen. Auszuprobieren. Halte dir immer vor Augen, dass du in Zeiten wie diesen nur so dein Unternehmen voranbringen kannst. Wer weitermacht, wie bisher, steht in fünf Jahren immer noch an der gleichen Stelle und ist mürbe vom täglichen Kampf um Kunden und Aufträge zu Preisen, die nicht nur die Betriebskosten decken, sondern auch Gewinne zulassen.

In diesem Buch findest du eine Anleitung, wie du deine klare und eindeutige Positionierung findest, warum sie wichtig ist und eine deutliche Spezialisierung beinhalten sollte. Sie ist Fundament und der kürzeste Weg für alles Weitere. Welche Stärken hast du? Wofür soll dein Unternehmen in Zukunft stehen? Welche Art von Kunden möchtest du in Zukunft anziehen? Kunden, die zu dir passen. Die in dein Portfolio passen. Verzettele dich nicht mehr mit unzähligen Aufträgen, sondern generiere die richtigen, die Umsatz bringen und Freude machen.

Vergiss nicht, dir ein Ziel zu setzen, was du mit deiner Firma erreichen möchtest, und das stets im Fokus zu behalten. Dann untersuchst du jeden Schritt, jede Maßnahme, jedes Konzept, ob sie dich deinem Ziel näherbringen. Wenn es das nicht tut, lass es sein. Ich habe mir viele Gedanken gemacht, wie mein Team und ich Handwerker wie dich in diesem Prozess unterstützen kann. Dafür haben wir das Geschäftsführer- und Unternehmertraining ins Leben gerufen, das ich an der einen oder anderen Stelle bereits erwähnt habe. Es ist ein unfassbar wertvolles Programm, in dem wir dich über ein gesamtes Jahr sehr intensiv begleiten. Wenn dich das interessiert, lass uns reden. Über deine Herausforderungen, über deinen Betrieb. Ich bin sicher, wir finden eine Möglichkeit, wie ich dich zum Erfolg begleiten kann. So wie bisher viele deiner Kollegen. Wichtig ist, dass du anfängst. Jeder Schritt raus aus gewohnten Mustern ist ein Schritt nach vorn.
Ziel meiner Mission Starkes Handwerk ist, die öffentliche Wertschätzung für das Handwerk wiederzubeleben. Früher waren Handwerker und Inhaber eines Betriebs, angesehene Mitglieder

der Gesellschaft, heute will kaum noch jemand einen Handwerksberuf erlernen. Du als Handwerksunternehmer leistest Großartiges und bekommst jedoch nicht die Anerkennung, die du verdienst. Ein Handwerksunternehmen zu führen, ist bei Weitem nicht einfach. Als Inhaber bist du Personalunion und „Mädchen für alles": Personalrat, Finanzcontroller, Ausbilder, Bürokraft und Handwerker in deinem Fach. Das funktioniert in unserer komplexen Zeit nicht mehr.

Eine Welt ohne Handwerker – nicht auszudenken! Sie kann nicht funktionieren, trotz aller Digitalisierung und virtuellen Realitäten. Den Tisch, auf dem der Laptop steht, schreinert sich der Computer schließlich nicht selbst. Auch das Haus, in dem der IT-Profi vor ebenjenem Laptop sitzt, muss in der ganz realen Welt gebaut werden. Trotz 3D-Drucker. Das Handwerk ist zwar etwas altmodisch geworden, doch es ist nur eine Frage der Zeit, bis wir alle das schlechte Image überwunden und uns auf die neue Zeit eingestellt haben.

Das Handwerk muss und wird schon bald wieder den Status bekommen, den es verdient. Dafür bin ich angetreten: Die Branche auf ein neues Level zu heben. Doch das schaffe ich nicht allein – lasst uns alle zusammen anpacken. Gemeinsam können wir Berge versetzen.

Alles beginnt mit einer besseren Sichtbarkeit. Nur jemand, der gesehen wird, kann Wertschätzung erhalten. Vergleicht man einen Handwerks- mit einem Industrieunternehmer, wird der eklatante Unterschied deutlich. Wenn ein Industrieunternehmer einen Porsche fährt, sagen alle: *„Donnerwetter, der ist aber erfolgreich. Der führt sein Unternehmen gut, strukturiert und professionell."* Kommt hingegen ein Handwerker in einem Porsche vorgefahren, heißt es: *„Der bescheißt seine Kunden."* Schluss damit! Es gibt erfolgreiche Handwerksunternehmer, die einen Porsche fahren könnten. Sie tun es aber nicht, weil sie befürchten, es zerstört ihr Image. Dieses gestörte Selbstbild müssen wir Handwerker dringend ablegen. Wenn du ein erfolgreiches

Handwerksunternehmen hast, das du gut organisiert führst, hervorragende Leistungen für deine Kunden erbringst, die diesen einen Mehrwert bieten, alles professionell durchstrukturiert hast, dann honorieren die Kunden das entsprechend. Dann zahlen sie gern ein paar Euro mehr als bei einem billigen Anbieter. Warum solltest du dann keinen Porsche fahren dürfen?

Treten wir heraus aus unseren Schneckenhäusern und machen uns sichtbar. Jeder für sich und alle für die Zunft. Lasst uns mit vereinten Kräften die Branche neu aufstellen und stolz unsere Leidenschaft zu unserem Beruf zeigen: **Packen wir es an.**

Du bist dran!

→ **Buche jetzt dein persönliches Coaching!**

Dein Coaching:
Aus der Praxis für die Praxis

Sven Schöpker ist Gründer und Impulsgeber der mehrfach ausgezeichneten Kooperation Raumfabrik. An den drei TOP Immobilienstandorten Münster, Düsseldorf und Norderney leitet er ein Team aus Architekten, Innenarchitekten und Handwerkern, die hochwertige Bau- und Umbauprojekte für Privatkunden in ganz Deutschland in einem einmaligen Konzept planen und umsetzen.

Der gelernte Schreiner und studierte Betriebswirt hat das Handwerk in die Wiege gelegt bekommen und führt neben der Raumfabrik gemeinsam mit seinem Vater eine erfolgreiche mittelständische Tischlerei im Münsterland. Kaum jemand im deutschsprachigen Raum bringt so viel praxiserprobtes Wissen zu den großen aktuellen Themen im Handwerk mit. Für seine unternehmerischen Leistungen ist er in den vergangenen Jahren wiederholt ausgezeichnet worden.

Und du kannst jetzt von diesem Know-how in der MISSION STARKES HANDWERK profitieren.

// Was Dich im Coaching erwartet

/ 1. Persönliche Betreuung und Beratung

Unsere Mission ist dein Erfolg. Du bekommst bei uns den persönlichen Kontakt zu Sven Schöpker und seinem Team. Diese persönliche Betreuung ist das, was uns von anderen unterscheidet. Wir setzen auf Klasse anstatt Masse. Gemeinsam mit uns wirst du deine Meilensteine und Ziele viel schneller und zeitsparender erreichen als je zuvor.

/ 2. Innovatives Online Training

Du kannst rund um die Uhr an 7 Tagen in der Woche auf alle Inhalte des Coachings zugreifen. Auf unserer E-Learning Plattform gibt es zu den jeweiligen Themen mehr als 350 Lern- und Trainingsvideos, 1 zu 1 Umsetzungsleitfaden, Checklisten, Vorlagen und Softwareempfehlungen. Neue Strategien, Erkenntnisse und Inhalte fließen regelmäßig in das Training ein, so dass du stets auf dem neusten Stand aller Entwicklungen bist.

/ 3. Tägliche Live Calls

Du kannst dich jeden Tag in unseren Live-Videokonferenzen direkt mit Sven persönlich und seinen Experten für Strategie, Verkauf, Führung, Marketing, Social Media, Finanzen und Baurecht austauschen. In diesen Live-Calls gehen wir auf deine individuellen Fragen ein und geben dir wertvolle Antworten und Umsetzungsempfehlungen. Durch den Austausch und die Erfahrungswerte anderer Unternehmer aus dem Handwerk erweiterst du zudem permanent deinen Horizont und erweiterst dein Netzwerk.

/ 4. Workshops und Seminare

Während der Zusammenarbeit bist du herzlich eingeladen, an unseren monatlichen Workshops und Seminaren teilzunehmen. Diese finden im Regelfall in Münster oder Düsseldorf statt. Bei den Seminaren werden die Inhalte aus dem Coaching vertieft und du hast die Möglichkeit, deine Fragen direkt mit Sven und seinem Team zu besprechen. Außerdem lernst du die anderen Teilnehmer persönlich kennen und profitierst von der Erweiterung deines Netzwerkes

/ 5. Außergewöhnliches Netzwerk

Die Teilnehmer in unserem Coaching setzen sich große Ziele und arbeiten sehr konsequent und zielstrebig an der Umsetzung der Lern- und Trainingsinhalte. Das Netzwerk gleichgesinner Unternehmer wird dir dabei helfen, dein Mindset auf Erfolg zu trimmen und selbst hochgesteckte Ziele in Rekordzeit zu erreichen.

// Inhalte des Coachings

Positionierung | Unternehmens-strategie | Verkaufs-prozess | Mitarbeiter-gewinnung | Mitarbeiter-führung | Planung und Erfolgskontrolle

Finanzen | Digitalisie-rung | Strukturen und Prozesse | Klassisches Marketing und Branding | Online Marketing und Social Media | Baurecht

Überzeuge dich selbst!

→ **Eines von vielen hilfreichen Videos: Mitarbeitergewinnung im Fokus**

Erfolgsgeschichten: Überzeuge dich selbst

Du erfährst auf den folgenden Seiten, wie es andere Handwerksunternehmer geschafft haben, Ihre ganz inividuellen Herausforderungen zu lösen. Und Du bekommst einen Weg aufgezeigt, wie auch Du Dich und Deine Leistungen besser verkaufst als je zuvor, wie Du neue qualifizierte Mitarbeiter in Rekordzeit gewinnen kannst und wie Du durch glasklare Strukturen und Prozesse Dein Unternehmen mit 30 % weniger Zeiteinsatz führen wirst.

Der Erfolg von Sven Schöpker liegt darin, den Handwerkern mit Wissen aus der Praxis für die Praxis bei Ihren Herausforderungen zu helfen. Die Erfolgsgeschichten der Partnerunternehmen der Mission Starkes Handwerk sind immer wieder beeindruckend. Du findest in diesem Report zahlreiche Fallbeispiele, die im Zuge der Zusammenarbeit erzielt werden konnten.

„Das Coaching mit Sven ist einfach sensationell! Seine Methoden und die Wissensvermittlung sind zu 100 % auf das Handwerk abgestimmt und man kommt sofort in die Umsetzungsphase.“

Max Brammertz
Brammertz Schreinerei & Fensterbau

// Erfolgsgeschichte Nr. 1: Schreinerei Brammertz

Es gibt Handwerksunternehmen, die auf eine lange Historie zurückblicken können und denen es gelungen ist, Tradition und Moderne erfolgreich miteinander zu verbinden. Hierzu gehört zweifelsohne die Schreinerei Brammertz in Aachen-Kornelimünster.

In diesem Familienunternehmen spürst Du in jedem Winkel die Leidenschaft für den Werkstoff Holz, das feine Gespür für Formen, Farben und Materialien sowie die besondere Wertschätzung, die Dir als Mensch entgegengebracht wird. Mit diesen Attributen und Werten ist das Unternehmen in den vergangenen 110 Jahren überaus erfolgreich gewachsen. Heute beschäftigt die Schreinerei mehr als 40 hochqualifizierte Mitarbeiter an zwei Standorten innerhalb von Aachen. Warum hat sich die Inhaberfamilie trotz der Erfolge dann für eine Zusammenarbeit mit Sven Schöpker entschieden?

„Wir wollten schlichtweg die richtigen Weichen für die nächsten Jahre stellen.", erläutert Max Brammertz simpel.

„Denn die Erfolgsrezepte der Vergangenheit werden nicht die Erfolgsrezepte der Zukunft sein. Wir haben bspw. vor dem Coaching eine sehr breite Angebotspalette angeboten und haben mit Svens Hilfe erkannt, dass diese Marktpositionierung nicht zukunftsfähig für uns ist. Im Ergebnis konzentrieren wir uns nun auf das, was wir besonders gut können. Gleichzeitig haben wir uns mutig von einigen Geschäftsfeldern konsequent getrennt. Dadurch sind wir wieder deutlich attraktiver für unsere Wunschkunden geworden und können innerbetriebliche Prozesse viel klarer strukturieren", führt Max Brammertz fort. *„Und das ist nicht nur gut für unsere Kunden, sondern in wirtschaftlicher Hinsicht auch besser für uns"*, ergänzt Seniorchef Eduard Brammertz.

Im Zuge der Zusammenarbeit wurde den Unternehmern schnell klar, dass die nun gefundene klare Positionierung zielgerichtet am Markt kommuniziert werden muss. Daher hat man sich entschieden, einen sog. Markenrelaunch anzugehen. Die mit einer externen Agentur entwickelte neue Marken- und Kommunikationsstrategie greift folgerichtig die neue spezialisierte Ausrichtung der Schreinerei auf und unterstützt den kommunikativen Wechsel von

„Wir machen alles!" zu „Wir sind Experte für...".

„Ein großer Schwerpunkt in der Begleitung durch Sven bildete darüber hinaus die deutliche Erhöhung der Effizienz im Verkauf. Vor der Zusammenarbeit wurden sehr häufig Kundentermine wahrgenommen, die im Nachhinein zu keinem Auftrag geführt haben. Durch die konsequente Umsetzung des praxiserprobten Verkaufsprozesses der Mission Starkes Handwerk werden Kundenanfragen mittlerweise erheblich besser vorqualifiziert.

Das spart nicht nur jede Menge Zeit, sondern es führt auch dazu, dass wir viel mehr Zeit für die wirklich wichtigen Kunden, nämlich unsere Wunschkunden, haben. Diese können wir dadurch noch intensiver beraten, was automatisch zu besseren und schnellen Verkaufsabschlüssen führt", freut sich Max Brammertz. Unterm Strich habe sich das Coaching damit nicht nur inhaltlich, sondern vor allen Dingen auch wirtschaftlich mehr als gelohnt.

„Wir haben als Unternehmen schon einige Weiterbildungen durchlaufen, aber was Sven abliefert, ist mit Abstand das beste und professionellste Coaching, dass wir bisher mitmachen durften", schwärmt Eduard Brammertz.

Dieses Kompliment nehme ich gern an. Denn nichts motiviert mich und mein Team mehr als die Erfolge unserer Teilnehmer.

/ Problemstellung

Verzettelung in den täglichen Aufgaben durch eine zu breite Positionierung mit einem viel zu großen Angebotsspektrum. Dadurch nachlassende Mitarbeiterzufriedenheit und sinkende Rendite.

/ Lösung

Klare Ausrichtung des Unternehmens auf zukunftsfähige Geschäftsfelder, Markenrelaunch mit Feinjustierung der Kommunikation zum Endkunden sowie Umsetzung eines strukturierten Verkaufsprozesses.

/ Ergebnis

Stärkung der Marke und deutlich attraktiveres Erscheinungsbild bei den Wunschkunden, je nach Geschäftsfeld 20-50% Zeitersparnis im Vertrieb, höhere Rendite und motivierte Mitarbeiter.

Auf unserer Website!

→ **Sieh dir an, was Eduard und Max über ihre Erfahrungen erzählen!**

„Dank Sven und seiner Strategie für die Mitarbeitergewinnung konnten wir nach nur 2 Wochen einen neuen Kundendienstmonteur einstellen, nach dem wir zuvor mehr als 10 Monate vergeblich gesucht haben.“

Christoph Becker & Kai Simon
Becker & Simon GmbH

// Erfolgsgeschichte Nr. 2: SHK Betrieb Becker & Simon

Wenn zwei echte Freunde sich auf den Weg machen, etwas gemeinsam zu erreichen, dann muss es gut werden. Raus aus dem Angestelltendasein, hinein in die gemeinsame Selbstständigkeit. Das war das Motto von Christoph und Kai, die erstmalig Anfang 2020 auf die Mission Starkes Handwerk aufmerksam geworden sind.

„Schnell war uns klar, dass wir mit Sven einen absoluten Experten gefunden haben, der nicht nur fundierte theoretische Kenntnisse mitbringt, sondern vor allen Dingen durch erlerntes und erprobtes Wissen aus der Praxis weiterhelfen kann“, fasst Christoph Becker den Hauptgrund der Entscheidung für eine Kooperation zusammen. „Als Start-up hatten wir am Anfang zuallererst das Thema Mitarbeitergewinnung auf dem Schirm“, erläutert Geschäftspartner und Freund Kai Simon weiter. „Das war aber nicht so einfach. Daher mussten wir selbst nach einigen Monaten immer noch jeden Tag auf die Baustelle, abends noch Kundentermine wahrnehmen und Rechnungen schreiben. Das hatten wir uns ein wenig anders vorgestellt“, so Kai Simon weiter. Nach kurzer Zeit der Selbstständigkeit wurde den beiden Unternehmern klar, dass es so nicht weiter gehen könne. Im Coaching mit Sven, kam dann schnell der Durchbruch. Mit einer klaren Botschaft in Richtung Kunde aber auch in Richtung Mitarbeiter konnte sich das Unternehmen rasant erfolgreich entwickeln. „Dank Sven und seiner Strategie für die Mitarbeitergewinnung konnten wir nach nur 2 Wochen einen neuen Kundendienstmonteur einstellen, nachdem wir zuvor mehr als 10 Monate vergeblich gesucht haben“, freut sich Christoph Becker noch heute. Und damit war der Startschuss für echtes Unternehmertum anstelle des „selbst“ und „ständig“ gefallen.

Mittlerweile beschäftigt das Unternehmen nicht mehr 3, sondern 9 Mitarbeiter. Zu dieser Entwicklung gratuliere ich von ganzem Herzen. Prima gemacht!

/ **Problemstellung**

Fachkräftemangel – seit 9 Monaten auf der Suche nach neuen Mitarbeitern

/ **Lösung**

Schaffung eines Mitarbeitermagneten, Aufbau einer Social Media Kampagne mit dahinterliegender Karriereseite als Landingpage

/ **Ergebnis**

Einstellung eines Mitarbeiters nach nur 2 Wochen.

Auf unserer Website!

→ **Sieh dir an was Christoph und Kai über Ihre Erfahrungen erzählen.**

// Erfolgsgeschichte Nr. 3: Ritscher Bedachungen

Grossartige Probleme gab es bei Andre Martens eigentlich nicht. Als langjährige Führungskraft in einem mittelständischen Dachdeckerunternehmen wusste er ja wie es läuft. Als er dann den Betrieb jedoch im Zuge der Altersnachfolge übernehmen konnte, wollte er von Beginn an im Unternehmen alles richtig machen und typische Fehler vermeiden. So kam Andre zur Mission Starkes Handwerk.

„Eine bessere Entscheidung hätte ich nicht treffen können“, sagt Andre bereits nach wenigen Monaten im Coaching. „Denn natürlich möchte ich den erfolgreichen Betrieb in meiner neuen Rolle als Inhaber weiterentwickeln und meine eigenen Ideen umsetzen.“
Wer Andre kennt, weiß: Der Mann macht keine halben Sachen. So entschied sich der Dachdeckermeister nicht nur für unser Geschäfstführertraining, sondern auch direkt für die Erstellung eines Mitarbeitergewinnungsvideos durch unseren Videografen Christian Confer. Dadurch konnte die dazugehörige Social Media Kampagne zur Gewinnung neuer Mitarbeiter emotionaler gestaltet werden. Video schlägt Bild – das ist mittlerweile unumstritten. „Die Resonanz auf die neue Art, uns zu präsentieren, ist großartig“, freut sich Andre Martens. „Denn das Video wirkt ja nicht nur auf neue Mitarbeiter, sondern auch auf Kunden und Geschäftspartner.“, führt Andre fort. Schnell konnten zwei qualifizierte Mitarbeiter für das Unternehmen gewonnen werden, sodass das Unternehmen nun keine Aufträge, die man eigentlich gern machen würde, mehr ablehnen muss.

In Ergänzung zu diesem Erfolg wird der erfolgs- und praxiserprobte Verkaufsprozess der Mission Starkes Handwerk konsequent vom gesamten Team umgesetzt. Das führt dazu, dass die Trefferquote im Verkauf auf über 85 % angestiegen ist und damit kaum noch Kundentermine wahrgenommen oder Angebote geschrieben werden, die im Nachgang für den Papierkorb sind.

„Durch den Input der Mission Starkes Handwerk in nahezu allen unternehmerischen Themenfeldern konnte ich nach der Übernahme des Betriebes typische Fehler zu Beginn einer Selbstständigkeit vermeiden und sofort die richtigen Strategien anwenden. Dadurch habe ich viel Geld gespart."

Andre Marten
Ritscher Bedachungen

Und schlussendlich hat Andre parallel dazu auch noch klare Strukturen und Abläufe in seinem Betrieb eingeführt, so dass das Team rd. 10 % produktiver geworden ist. In Summe also keine halben Sachen. Typisch Andre. Wir sind stolz auf Dich.

/ Problemstellung

Eigentlich keine – Andre wollte nach der Betriebsübernahme den Betrieb lediglich zukunftsorientiert aufstellen, sich im Verkauf verbessern und neue Mitarbeiter gewinnen.

/ Lösung

Erarbeitung besserer Strukturen im Unternehmen, Einführung und Umsetzung des erfolgserprobten Verkaufsprozesses von Sven Schöpker, Erstellung eines Mitarbeitergewinnungsvideos mit Social Media Kampagne und Karriereseite.

/ Ergebnis

Klare Aufgabenverteilung im Team mit Zeitentlastung beim Unternehmer, schnellere und bessere Verkaufsabschlüsse, Einstellung von 2 Mitarbeitern nach 8 Wochen im Coaching.

Auf unserer Website!

→ Sieh dir an was Andre über seine Erfahrungen erzählen.

„Mit den Methoden und den richtigen Fragestellungen im Coaching konnten wir eine einzigartige Produktidee entwickeln. Dafür sind wir sehr dankbar!“
Eva Mayr
Mayr & Söhne

// Erfolgsgeschichte Nr. 4: Mayr & Söhne

Endlich mal wieder eine Frau im Handwerk! Und das, obwohl der Firmennamen ja etwas anderes vermuten ließe. Eva Mayr nimmt es mit Humor. Sie führt das Unternehmen mittlerweile in der x-Generation. Die Familie Mayr wird es wissen, ich komme mit dem Zählen der Dekaden durcheinander. Schliesslich gibt es die Schreinerei seit 1869! Die Expertise bisher? Kirchenbänke und Restaurationen. Da der Markt jedoch rückläufig ist, will Eva ein zweites, ebenso lukratives Geschäftsfeld aufbauen. Und ist daher zu uns gekommen.

„Wir sind als Spezialwerkstätte für Kirchenbänke sehr stark spezialisiert. Dieser Markt ist jedoch tendenziell rückläufig, ich hingegen möchte weiter wachsen", berichtet Eva zu Beginn des Coachings.

Zudem ergab sich eine einmalige Gelegenheit, die Betriebsstätte vollkommen neu zu bauen und damit im Hinblick auf Fertigungstechnik und Produktivität auf ein vollkommen anderes Niveau zu kommen. „Der benachbarte Industriebetrieb wollte und musste flächentechnisch expandieren und wollte unbedingt unser Grundstück haben. Schnell waren wir uns einig und damit war der Grundstein für den neuen Betrieb gelegt", erinnert sich Eva Mayr an die Gespräche.

Mit den neuen Maschinen und deutlich großzügigeren Platzverhältnissen wird Eva den Output des Unternehmens locker verdoppeln können, bei gleicher oder nur leicht steigender Mitarbeiteranzahl. Um diesen Gedankengang in Profit umwandeln zu können, waren gute Ideen für ein neues Geschäftsfeld gefragt. Und dieses ist mittlerweile gefunden.

Das Besondere an der Idee ist: Eva kann hier ihre Kontakte und das Know-how aus ihrer ehemaligen Profi-Golf- Karriere einbringen. Was genau dahinter steckt, wird noch nicht verraten. Sicher ist nur: Es wird ein „Hole-in-one" werden. Liebe Eva, schön dass wir Dich begleiten dürfen.

/ Problemstellung

Wachstum durch geplanten Betriebsneubau erforderlich.

/ Lösung

Überprüfung der bestehenden Positionierung mit Erstellung einer Wachstumsstrategie.

/ Ergebnis

Einwicklung einer einzigartigen Produktidee in einem hoch attraktiven Markt.

Auf unserer Website!

→ Sieh dir an was Eva über ihre Erfahrungen erzählen.

// Erfolgsgeschichte Nr. 5: Schreinerei Grathwol

Axel und Mayline sind ein Unternehmerpaar, wie es besser nicht sein könnte. Axel ist Techniker und Handwerker durch und durch, trifft Entscheidungen eher aus dem Bauch heraus, während Mayline als studierte Kauffrau vornehmlich rational an die Dinge ran geht. Beide sind jetzt seit gut 8 Monaten bei uns im Coaching und konnten trotz dieser guten Konstellation beeindruckende Erfolge erzielen.

In diesem Jahr ist die Schreinerei von Axel und Mayline 70 Jahre alt geworden. Wie so oft im Handwerk, ist der Betrieb am Gründungsstandort historisch gewachsen, immer mal wieder wurde ein kleiner Raum angebaut, umgebaut oder in seiner Funktion geändert.

„Grundsätzlich fühlen wir uns hier sehr wohl, allerdings können wir an dem Standort nicht weiter wachsen und vor allen Dingen nicht die Maschinentechnik unterbringen, die wir auf Dauer für eine wirtschaftliche Fensterproduktion benötigen“, stellt Axel Grathwohl zutreffend dar.

„Lass uns also einfach neu bauen und den Betrieb verlagern.“ – das war schnell die emotional getroffene Entscheidung von Axel.

Ehefrau Mayline trat auf die Bremse und wollte die Sache vernünftig durchrechnen. „Schließlich bedeutet dieser Schritt für uns aufgrund der sehr hohen Investition auch ein gewisses Risiko“, argumentierte Mayline. „Darüber hinaus wäre es doch schön, wenn wir das Ertragsniveau des Unternehmens schon jetzt deutlich verbessern könnten.“

Wie viele andere Teilnehmer in dem Coaching der Mission Starkes Handwerk konnte auch Axel im Verkauf deutlich stärker werden. Mit den Werkzeugen und Methoden in dem Verkaufstraining und durch die Lern- und Trainingsvideos in der Akademie hat er in nur 3 Monaten den Profit um 50 % erhöhen können.

„Dank der Impulse von Sven konnten wir unseren Profit in 3 Monaten um 50% erhöhen."
Alex Garthwol
Garthwol Fensterbau

„Das Besondere ist: Die Kunden bekommen durch die veränderte Vorgehensweise eine deutlich bessere Lösung und wir verdienen dabei mehr Geld. Besser geht es doch nicht“, erläutert Axel begeistert.

Mit dieser besseren Ausgangslage war die Grundlage für die Investition in einen neuen Standort gelegt. Im Zuge der Zusammenarbeit konnten Axel und Mayline mit der persönlichen Hilfe von Sven zudem einen detaillierten kaufmännischen Businessplan erstellen, der die nötige Sicherheit und Klarheit in der Entscheidungsfindung gegeben hat. Das Grundstück im Gewerbegebiet ist mittlerweile erworben, die ersten Baupläne sind erstellt.

Damit sagen wir: Gebt weiter Gas. Ihr seid hervorragende Umsetzer!

/ Problemstellung

Zu hohe Nachlässe im Verkauf sowie keine sichere kaufmännische Entscheidungsbasis für den Betriebsneubau.

/ Lösung

Konsequente Umsetzung der Inhalte aus dem Verkaufstraining der Mission Starkes Handwerk und Erstellung eines Businessplans für den geplanten Neubau des Betriebes.

/ Ergebnis

Einwicklung einer einzigartigen Produktidee in einem hoch attraktiven Markt.

Impressum

Verantwortlich für den Inhalt:
Sven Schöpker
Hafenweg 24a
48155 Münster
akademie@missionstarkeshandwerk.de

Lektorat:
Ulrike Luckmann
Tengstraße 37, Studio 37
80796 München
+49 178 513 69 28
luckmann@luckmannpr.de

Gestaltung und Layout:
NOLTE/HAMMER
Krüselblick 4, 48341 Altenberge
+492 505 938 80 77
info@nolte-hammer.de